全人教育面面觀

理念與思維

黃孝光、曾慶豹、潘正德、蘇友瑞
楊坤原、林姿瑩、尤嫣嫣、李清義　◎著

‖ 作者簡介 ‖

（依撰寫篇章順序排列）

黃孝光

學歷：教育部國家文學博士

經歷：中原大學人文與教育學院院長

現職：中原大學人文與教育學院通識教育中心教授

曾慶豹

學歷：台灣大學哲學研究所哲學博士

經歷：美國哈佛大學訪問學人

香港漢語基督文化研究所特約研究員

中國人民大學基督教文化研究所客座教授

中原大學宗教研究所所長

現職：中原大學宗教研究所教授

潘正德

學歷：威斯康辛教育研究所輔導碩士

彰化師範大學輔導學系學士

經歷：中原大學學生輔導中心主任、校牧室主任

中原大學學務長、代理院長

中原大學人文與教育學院通識教育中心副教授
光武工專輔導室講師兼組長、副教授兼主任
現職：中原大學人文與教育學院通識教育中心教授

蘇友瑞

學歷：中正大學心理學研究所博士
台灣大學心理學研究所碩士
輔仁大學應用心理學系學士
經歷：中原大學人文與教育學院通識教育中心助理教授
現職：中原大學人文與教育學院通識教育中心助理教授

楊坤原

學歷：台灣師範大學理學博士
經歷：教育部教育研究委員會助理研究員
台灣師範大學科學教育研究所博士後研究
中原大學人文與教育學院副教授兼秘書
中原大學教育研究所所長、師資培育中心主任
現職：中原大學教育研究所暨師資培育中心教授

林姿瑩

學歷：美國德州大學奧斯汀分校音樂藝術博士
現職：中原大學人文與教育學院通識教育中心副教授

尤嬌嬌

　　學歷：台灣師範大學衛生教育系博士

　　經歷：中原大學通識教育中心副教授兼主任

　　現職：南亞技術學院幼兒保育系副教授

李清義

　　學歷：Virginia Polytechnic Institute USA Physics Ph.D
　　　　　　& State University

　　　　　中華福音神學院中華民國聖經 MA

　　經歷：聖德基督學院青年宣教系（神學系）主任

　　　　　中原大學物理系副教授

　　　　　中央研究院物理研究所副研究員

　　　　　中央研究院物理研究所博士後副研究員

　　現職：中原大學人文與教育學院通識教育中心副教授

‖ 序 ‖

　　約十年前（一九九五年），中原大學創校四十週年慶時，首先揭櫫「中原四十，邁向全人」的大纛，全人教育遂成為本校教育宗旨及理念的核心價值。這十年來，本校因此舉辦許多相關活動，早自一九九六年舉辦的「全人教育國際學術會」，近至今年六月十二日舉行的「二〇〇四年全人理念與通識教育研討會」仍不斷研討此課題。同時本校也將全人理念推展至中國大陸，故自一九九九年起有一連串的「海峽兩岸高教理念學術研討會」，另外校內也制定了相關辦法如「全人榮譽獎」、「全人標竿獎」等，以上所述無一不是以「全人教育」為主軸而設立。今年四月，本校再次修訂了「全人教育手冊」的小冊子，盼望更能落實於全校同仁中。同年九月七日，更將此議題列入「新進教師座談會」，而有「認識全人教育」之專題報告，在在可證本校對全人教育的全力投入是有目共睹的。

　　此外，本校在前校長張光正博士任內，更向教育部提出一項四年的研究計畫案「天、人、物、我的全人教育——學習社區總體營造與標竿之建立」，而後張校長因任滿借調至明新科技大學，該研究案便由前人文與教育學院院長林治平教授負責，及林院長去年退休，研究案再度易手，主持人員雖然一再更迭，但研究案之其他老師均能一本張前校長及林前院長當年精心規劃的架構，繼續在其所樹立的根基上更上層樓。

　　《全人教育面面觀》一書便是此研究案的另一成果，全書共有八篇，篇名為「從《聖經》看天、人、物、我的全人面向——以〈創世記〉為例」（黃孝光）；「全人教育的價值堅持——論多元社會視野中的信、望、愛」（曾慶豹）；「全人教育的心理學基礎」（潘正德、蘇友瑞）；「全人教育——現代教育思潮與教學原理的具體展現」（楊坤原）；「從文學看身、心、靈的全人內涵——以《西遊記》為例」（黃孝光）；「藝術教育於全人教育的實踐」（林姿瑩）；「全人教育理念中的生理面向」（尤嫣嫣）；「科學與人文的整合在全人教育中的意義和展望」（李清義）。以上各篇分別從「神學」、「哲學」、「心理學」、「教育」、「文學」、「藝術」、「生理學」及「科學」等八個面向加以闡釋「全人教育」，我們謹以獻曝之情將本書呈現在各位面前，敬盼讀者不僅能因此了解中原大學全人教育之基本理念，進而更能推陳出新，把全人教育推廣到更多其他領域及不同層面。

黃孝光 2004 年 9 月 1 日
序於中原大學全人教育村人文教育學院

‖‖ 目錄 ‖‖

從《聖經》看天、人、物、我的全人面向

——以〈創世記〉為例

黃孝光

耶和華　神所造的，惟有蛇比田野一切的活物更狡猾。
蛇對女人說：「　神豈是真說不許你們吃園中所有樹上
的果子嗎？」女人對蛇說：「園中樹上的果子，我們可
以吃，惟有園當中那棵樹上的果子，　神曾說：『你們
不可吃，也不可摸，免得你們死。』」蛇對女人說：「你
們不一定死；因為　神知道，你們吃的日子眼睛就明亮
了，你們便如　神能知道善惡。」於是女人見那棵樹的
果子好作食物，也悅人的眼目，且是可喜愛的，能使人
有智慧，就摘下果子來吃了，又給她丈夫，她丈夫也吃
了。他們二人的眼睛就明亮了，才知道自己是赤身露體，
便拿無花果樹的葉子為自己編做裙子。

——創世記三：1-7

壹　緒論

　　中原大學創校四十年周年時（1995 年），正式揭櫫了「中原
四十、邁向全人」的大纛，全人教育成了我校教育目標的首要政
策。本文即根據此原則，嘗試從全人的思考模式，首先分別由「文
化」與「學習」二面向予以闡述全人之關係所在；其次則以《聖
經・創世記》為例，從神學角度，引證全人教育的學習面向係以
「天、人、物、我」為其核心依據，而人類一切混亂之根源乃因

破壞了天、人、物、我的和諧關係，進而錯置了其位子，故須加以導正並歸回原有之模式，人生始能重返伊甸樂園，免受「汗流滿面，才得餬口」之苦（創世記二：19）。

貳　全人的思考模式

一、由文化面向思考全人

有關文化的定義，可謂眾說紛紜，早在一九六三年，兩位研究人類學的學者克羅伯（A. L. Kroeber）及克魯宏（Kuckhohn）在其出版的《文化》一書中，便已蒐集了一百五十種以上由許多學者對文化所下的定義，他們並加以分析、歸類成四種模式（黃伯和，1987）：

1. 描述性或列舉式的定義：列舉文化的內容，包括知識、信仰、藝術、道德、法律、風俗以及其他作為社會成員所需求的能力和習慣。
2. 歷史角度的定義：強調文化是社會的遺產或傳統。
3. 規範式的定義：強調在社會規定或社會的行為模式。
4. 心理學的定義：以文化是人類心理迷惑與尋求報償之過程的產物。

可見文化的含義是極其豐富的，而本文，則是一本李亦園先生依據羅素（Bertrand Russell）對文化的定義加以闡釋而成的：

英國著名的哲學家羅素曾說，自古以來，人類有三個敵
人，那就是自然、他人和自己。我們可以延伸說，人類
為克服這些敵人，所以產生文化；因為有三種敵人，所
以文化也可分為三大類別：為了克服自然而有物質或技
術文化；為了與他人合理相對而有社群或倫理文化；為
了克服自己心理的困難而有精神或表達文化。
世界上每一種民族都具備這三類文化，因為他們要克服
的敵人是相同的。不過每一民族對不同敵人的看法不一
樣，因此三類文化的著重點也就有異，這種不同的著重
方式，我們稱之為「文化的基調」。（李亦園，1983）

一九八七年九月，筆者在「基督教與近代中國」學術研討會
中，曾就此進一步發揮說明此三種文化的基調（黃孝光，1988）：

在物質文化的範疇裡，所關注的本質在於「真」，其強調的
重點偏於「知性」的層次，而所採的方式，較重於「分析」；在
倫理文化的範疇，則以止於至「善」為著眼點，它所著重的是在
「德行」的層次，故是以「和諧」為追求的終極目標；至於表達
文化的領域，其實就是藝術文化，是以唯「美」為尚，表達在「感
性」的層次，因此便傾向於「體驗」的經歷中了。

故此，我們可將文化的類別及其內涵歸納如下圖（黃孝光，
2001）：

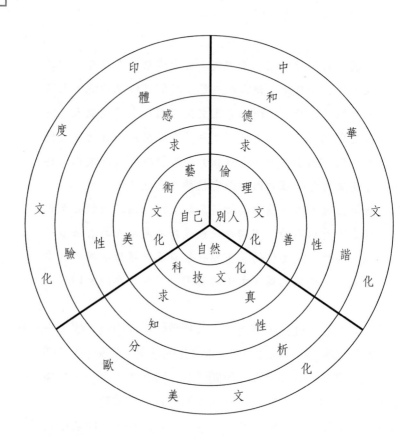

二、由學習面向思考全人

其實，除了李亦園根據羅素所說而闡述的「文化的基調」三個面向之模式外，吾人更可從四個面向來對文化重新加以思考全人所學習的不同領域：

㈠「我與物」之面向

論及「我與物」的關係，顯然是以上下主客關係為主，我們擁有絕對的主體性，故可以對客體之物加以研究、分析、觀察、解剖等實驗，換言之，舉凡動物、植物、礦物……等，莫不在人類絕對主體性的優勢下受其宰制，正因如此，我們可以發展出一系列的研究成果，我們把這類的學識涵蓋稱為「科學」的領域，其關係可以簡圖示之：

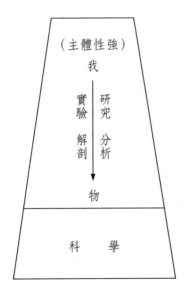

㈡「我與人」之面向

其次，在學習思考的面向中，也常存著「我與人」的關係，嚴格來說，人類許多悲劇的產生，主因就是人不把別人放在與自

己同等的地位，反倒貶抑別人到物的地位，視己為絕對主體，處處要轄制、掌握別人，甚至將對方當作「玩物」，以致造成社會許多悲劇。

假若吾人承認別人與我們同樣是人，且是生而平等的，則我們勢必尊重別人應與我們相同有其主體性，同理，在二者彼此交往時，也同時以客體的情況為對方所認識；簡言之，在我與人的面向中，人類不宜用研究物的眼光與態度，應該以「認識」及「了解」的立場彼此對待，因為我與人是「互為主客」的。

也正因我與人是主客各半，所以在人們互動中產生的學識，其涵蓋的層面有「社會學」、「政治學」及「倫理學」等領域，而其中人類互動之變數遠比「科學」要複雜得多，究其因，實以我對人之主體性要比對物之主體性為低之故，茲以簡圖示其彼此之關係：

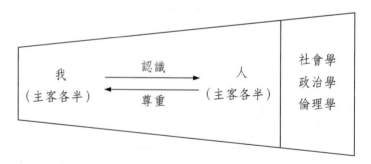

(三)「我與我」之面向

再者，在「我與我」之關係裡，有人亦帶有「我不如人」之心態，甚至將自己置於物的位子，這種自暴自棄的結果，造成了

人對自我生命的失落與戕害。

　　其實，我對自我的了解也是有限的，畢竟人無法不從自己的觀點來正視自己的處境，因我難免會「當局者迷」，需「旁觀者清」的別人來指點迷津，換言之，在「我與我」的關係上，二者也是「主客各半」的，我無法有絕對的主體來了解我，而在此思考的面向中，人們為了要了解自己，遂孕育並涵蓋了「心理學」、「文學」、「藝術」等各類的學術領域，其關係如下圖：

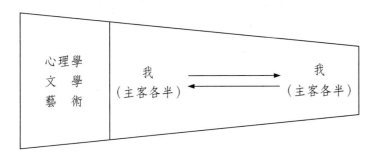

㈣「我與天」之面向

　　如果吾人相信在「我與物」的面向中，二者是「我主物客」的關係；在「我與人」及「我與我」之面向中，彼此是「互為主客」，我的主體性減少了，那麼吾人勢必要思考是否有一位超越於人類之上的「天」？若有，則超越於人類之上的「天」，是否應該有其「主體性」？若然，則我勢必成為客體，那麼我怎麼敢說「我能夠完全了解天的作為」？吾人所謂的「天道難測」即是此理，也誠如〈傳道書〉第三章第十一節所說：「上帝從始至終的作為，人不能參透。」因為祂本是「自隱的上帝」（以賽亞書

四十五：10）。

正因「天」有祂的主體性，我既是客體的存在，無法也不能完全了解祂，故我們對「天」的認識，往往是偏頗不全的，倘若我們要更認識祂，除非是「天」主動表明祂自己，這種表明，就是「啟示」，所以保羅（Paul）說：「求我們主耶穌基督的神，榮耀的父，將那賜人智慧和啟示的靈賞給你們，使你們真知道祂。」（以弗所書一：17）

所以吾人理當知道天、人、物、我的定位，不宜僭越而將天置於客體之物的位子；而人在天的恩寵蔭庇下，更應以敬畏之心來認識神，以謙卑之意求神「開我的眼睛，使我看出你律法中的奇妙」（詩篇一一九：18），而在此面向中，更能豐富吾人「向」神學的相關領域，其關係如下圖：

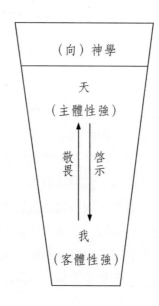

　　吾人若將上述四個面向界定清楚，則必能領悟我們學習的領域，可概分為「天」、「人」、「物」、「我」四種領域，今謹將其示意圖綜合歸納列之如下：

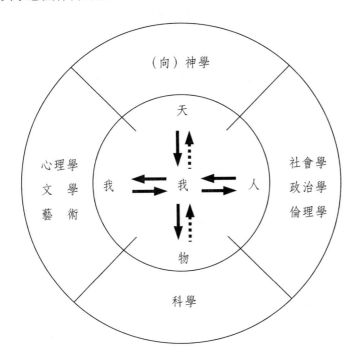

　　故人類之生活，不應是追求「戡天行物」或「與人相鬥」，而應該致力於「天人物我」的和諧，這就是先秦諸子道、儒二家追求「天人合一」或「天人合德」的緣由。「道家的天人合一是以『道生萬物』為基礎，並以人的智慧為途徑。儒家的天人合德是以『天命之謂性』為基礎，並以人的修行為途徑。」（傅佩榮，1991）

這也是二十多年來政府致力於大學通識教育時，何以許多學者均強調「促使教育從割裂走向整合，才能培育完整的人」，這正是前清華大學校長、國科會主委張明哲先生所強調的：在大學生成為科學家或工程師之前，應先做一個完整的人。

 〈創世記〉中的全人教育

一、天、人、物、我的依據

㈠「人（我）與天」之關係

對基督徒而言，吾人均相信《聖經》是「神所默示的」（提摩太後書三：16），故今就〈創世記〉頭四章中，由上帝創世並造人的本意來看，亦可予吾人另一啟示：

- 上帝說：「我們要照著我們的形象，按著我們的樣式造人，使他們管理海裡的魚、空中的鳥、地上的牲畜，和全地，並地上所爬的一切昆蟲。」上帝就照著自己的形象造人，乃是照著祂的形象造男造女。上帝就賜福給他們，又對他們說：「要生養眾多，遍滿地面，治理這地，也要管理海裡的魚、空中的鳥，和地上各樣行動的活物。」上帝說：「看哪！我將遍地上一切結種子的菜蔬和一切樹上所結有核的果子全賜給你們做食物。」（創世記一：26-29）

- 耶和華上帝將那人安置在伊甸園，使他修理、看守（創世記二：15）。
- 耶和華上帝用土所造成的野地各樣走獸和空中各樣飛鳥都帶到那個人面前看他叫什麼。那人怎樣叫各樣的活物，那就是牠的名字。那人便給一切牲畜和空中飛鳥、野地走獸都起了名（創世記二：19-20）。

由以上三段經文所記，顯而易見，誠如陳士齊所說：「神對人類文化的心意，不是要人在當中掙扎以求生存，而是要人在神創造的自由環境中，以自己的創造來回應神的創造，比如為神所造的生物命名。」（陳士齊，1990）

更重要的，在上述經文中，每次論及上帝（天）與人的關係時，上帝都居於「主體」的地位，「人（我）」則是「客體」的位子，如：

1. 主體的上帝（天）創造人（我）（創世記一：26-27）。
2. 主體的上帝（天）賜福人（我）（創世記一：28）。
3. 主體的上帝（天）命令人（我）（創世記一：29-30）。
4. 主體的上帝（天）安置人（我）（創世記二：15）。

而此二者的關係，正可以「上、下」的位子來呈現，中國人所說的「福自天降」、「天官賜福」也與此說不謀而合。

㈡「人（我）與物」之關係

此外，在論到「人（我）與物」時，人（我）是在上帝的授權之下而屬於「主體的地位」，如：

1. 人可以管理海裡的魚、空中的鳥、地上的牲畜和全地，並

地上所爬的一切昆蟲（創世記一：26）。

2. 人在伊甸園可以修理（植物）、看守（動物）（創世記二：15）。

3. 人可以為走獸、飛鳥、牲畜命名（創世記二：19-20）。

後來詩人大衛（David）也因此頌讚上帝說：

你（上帝）派他（人）管理你手所造的，使萬物，就是一切的牛羊、田野的獸、空中的鳥、海裡的魚、凡經行海道的，都服在他的腳下。（詩篇八：6-8）

觀乎此，可知人類駕凌於「物」之上是上帝所定的計畫，人類也應秉承上帝所賦予的智慧來治理這地上的一切飛禽走獸。

㈢「人（我）與人」之關係

《聖經》對此有最早的記載：

- 耶和華上帝說：「那人獨居不好，我要為他造一個配偶幫助他。」（創世記二：18）
- 耶和華上帝就用那人身上所取的肋骨造成一個女人，領她到那人跟前，那人說：「這是我骨中的骨，肉中的肉，可以稱她為女人，因為她是從男人身上取出來的。」（創世記二：22-23）

由上可知，在上帝原本的創造時，人（我）與人的關係有兩個要點：

1. 人（我）與人是需要彼此幫助的。

2.人（我）與人的關係是欣賞的、愛慕的、彼此接納的。

而這兩點特質，正說明了「人（我）與人」的關係是平等的，而非上下尊卑的主從關係。

㈣「人（我）與我」之關係

《聖經》對此的記載為「當時夫妻二人赤身露體，並不羞恥」（創世記二：25）。可見當時亞當、夏娃二人雖是赤身露體，但面對自我時都能接納自我，並無羞恥等龐雜的困擾。

綜合上述所言，吾人可以下圖歸納彼此的關係：

　　總之，全人類在上帝原本的創造是可以享受「天、人、物、我」間的和諧。而此即是《聖經》中的全人觀，也是上帝賜予人類最早的全人教育，是涵蓋了「天、人、物、我」四個面向，更是中原大學目前通識課程三十四個學分分類的主要依據。至此已毋庸置疑了。

二、天、人、物、我的破裂

　　從〈創世記〉一、二章我們看到上帝原本對人類安排的全人教育是「天、人、物、我」的和諧關係，這也是最適合人類學習成長的環境，然而到了第三章由於始祖犯罪，遂導致這四種關係的破裂，其記載經文如下：

> 於是女人見那棵樹的果子好作食物，也悅人的眼目，且是可喜愛的，能使人有智慧，就摘下果子來吃了，又給她丈夫，她丈夫也吃了，他們二人的眼睛就明亮了，才知道自己是赤身露體，便拿無花果樹的葉子為自己編做裙子。天起了涼風，耶和華上帝在園中行走。那人和他妻子聽見神的聲音，就藏在園裡的樹木中，躲避耶和華上帝的面。耶和華上帝呼喚那人，對他說：「你在哪裡？」他說：「我在園中聽見你的聲音，我就害怕；因為我赤身露體，我便藏了。」耶和華說：「誰告訴你赤身露體呢？莫非你吃了我吩咐你不可吃的那樹上的果子嗎？」那人說：「你所賜給我與我同居的女人，她把那

樹上的果子給我；我就吃了。」（創世記三：6-12）

㈠「我與我」的關係破裂

人類始祖犯罪後的第一個反應是「二人的眼睛就明亮了，才知道自己是赤身露體」，易言之，人類這時因犯罪的緣故，不敢面對自我，人們開始羞見自己的本相，也不肯敞開接納自我，結果內心常自我衝突，自己與自己過不去，導致許多矛盾、焦慮、徬徨、苦悶，甚至自我崩潰，究其始，實因人無法與自己相處所致。

㈡「我與物」的關係破裂

當始祖認識自己赤身露體的事實，他們「便拿無花果樹的葉子為自己編做裙子」，這象徵了人類開始「為自己」戕役萬物，小自傷花伐木，大至破壞環境，造成今日自然生態的嚴重破壞，鎘米污染、河川注入工業廢水、熱帶雨林消失、天空臭氧層破口，無一不是肇始於人類「為自己」的心態，只圖一時方便，逞一己之私，這種濫用萬物的情況，正是「我與物」關係破裂的最真寫照。

㈢「我與天」的關係破裂

犯罪後的亞當、夏娃在聽見上帝的聲音後，第一個反應是「躲避」，第一個感覺是「害怕」，第一個藉口是「抱怨」，在在呈現了「我與天」的實際光景；換言之，人因犯罪的緣故，導致與

上帝隔絕，誠如以賽亞（Isaiah）所說：「你們的罪孽使你們與上帝隔絕」，保羅也說：「你們從前與上帝隔絕，因著惡行，心裡與祂為敵」，可見人犯罪的結果，就再也不敢坦然面對上帝。

㈣「我與人」的關係破裂

末了，在亞當面對上帝詢問時，他不是直接認錯，反倒把責任推卸到「與我同居的女人」身上，我們很難想像他前不久還用情歌唱出「這是我骨中的骨，肉中的肉」，這時怎麼會用這麼絕情的口吻傷害他的配偶？由此可見，罪惡對人際關係同樣也有很大的破壞力，是不容我們忽視的。

正因犯罪的結果，人類此後破壞了「與天」、「與人」、「與物」、「與我」的四重關係，這些隔絕，遂使人生活像一個囚犯，時時飽受排斥、孤寂之苦，其光景可以下圖示之：

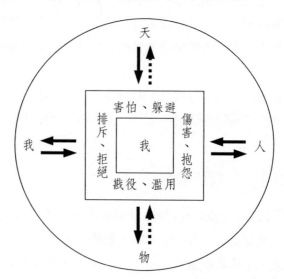

此後人類的際遇，誠如中文的「囚」字，過著不折不扣的樊籠生涯。人類至此，已把上帝原本賜予的「全人教育」破壞得蕩然無存了。「天、人、物、我」和諧的學習模式亦已灰飛煙滅了。

三、天、人、物、我的錯置

自亞當、夏娃之後，人類遠離樂園，但卻又相信可以憑藉己力以替天功，該隱即是主要代表，可惜他卻剛硬頑梗，不肯悔改，終於一錯再錯，導致犯下殺弟的惡行；自此以後，吾人可以在〈創世記〉四章中看到在該隱家族裡，隱含了人類文化發展的途徑：

> 於是該隱離開耶和華的面，去住在伊甸東邊挪得之地。
> 該隱與妻子同房，他妻子就懷孕，生了以諾。該隱建造了一座城，就按著他兒子的名將那城叫作以諾。以諾生以拿；以拿生米戶雅利；米戶雅利生瑪土撒利；瑪土撒利生拉麥。拉麥娶了兩個妻；一個名叫亞大，一個名叫洗拉。亞大生雅八；雅八就是住帳棚，牧養牲畜之人的祖師。雅八的兄弟名叫猶八，他是一切彈琴吹簫之人的祖師。洗拉又生了土八·該隱，他是打造各樣銅鐵利器的；土八·該隱的妹子是拿瑪。拉麥對他兩個妻子說：
> 亞大、洗拉，聽我的聲音；
> 拉麥的妻子，細聽我的話語；
> 壯年人傷我，我把他殺了；
> 少年人損我，我把他害了；

若殺該隱，遭報七倍，

殺拉麥，必遭報七十七倍。（創世記四：16-24）

　　由上述經文所記，吾人可知該隱家是一群「離開耶和華的面」的家族，然而上帝原本安置在人類心中祂的位子並沒因此而消失，當世人硬是不肯讓祂居首位時，人們自然就會將別的事物安放在原本屬於上帝的心靈寶座上，在該隱家族中，我們就可發現此一事實，約而言之，他們所用來取代上帝的「事物」有以下八種：

1. 以「造城」為上帝（17 節）：此代表人類智慧的建築成就，正可象徵以「科學」為上帝，強調人定勝天。

2. 以「家庭」為上帝（19 節）：此為否定神所定的婚姻，主張新的家庭組織，以人倫替代天倫，以社會主義為人間天堂，進而以社會制度崇拜（含人物崇拜）取代上帝。

3. 以「經濟」為上帝（20 節）：將牧養牲畜的功用改變為徵逐財富的拜金主義。

4. 以「音樂」為上帝（21 節）：追求音樂藝術的成就，奉為無上神祇。

5. 以「軍事」、「武力」為上帝（22 節）：所謂「馬上治天下」、「槍桿出政權」即是最好的寫照。

6. 以「文學」為上帝（23-24 節）：追求文學之美，注重辭藻修飾，認定「書中自有黃金屋」、「書中自有顏如玉」、「書中自有千鍾粟」。

7. 以「仇恨」為上帝（23-24 節）：在詩歌中表現出人性中凶狠殘暴的性格，並且視為天經地義、理所當然。

8.以「法律」為上帝（23-24節）：人所定的嚴刑峻法，完全
　只為一己之私，是典型的「惡法」來轄制傷害別人。

　　簡而言之，我們可以將以上八項歸納為：「唯物主義崇拜」、
「社會制度崇拜」及「人文自我崇拜」三類；簡言之，就是「以
物替代上帝」、「以人替代上帝」和「以我替代上帝」。今以下
圖表明之：

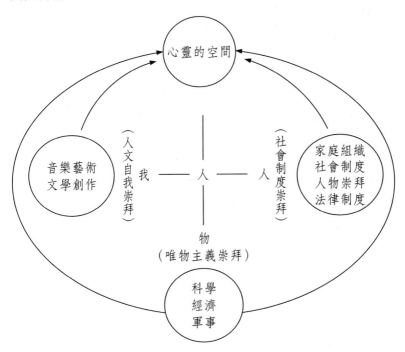

　　正因該隱家族「離開耶和華的面」，紛紛以其他的學習成
就作為自己的上帝，於是就走上了各種途徑，誠如丁道爾（Ty-
ndale）所言：「文明生活的一開始，就流露出可能向善或向惡的

特徵，藝術大可祝福人類，但卻受到為人類招致咒詛的濫行影響。」（19、23、24節）文化傳統無論是優良或是低下，都不能提供救贖（丁道爾，1991）

所謂「文化傳統無論是優良或是低下，都不能提供救贖」，確是一語道破；其實《聖經》對此更有一針見血之論：

- 以別神代替耶和華的，他們的愁苦必增加（詩篇十六：4）。

- 豈有一國換了他們的神？其實這不是神，但我的百姓將他們的榮耀換了那無益的神……因為我百姓做了兩件惡事，就是離棄我這活水的泉源，為自己鑿出池子，是破裂不能存水的池子（耶利米書二：11、13節）。

另外如耶穌指出撒瑪利亞婦人「凡喝了這水還要再渴」（約翰福音四：13）或無知財主的比喻（路加福音十二：16-20），也都是誤把「井水」或「財務」當作自己的上帝的例子。顯然人類無時無刻不在犯同樣的問題：

1.離棄活水泉源。

2.為自己另鑿池子。而其結果就是鑿出破裂不能存水的池子。

反觀今天人類，何嘗不是在這條歧途上直奔？前文提到的羅素，便是代表之一，雖然他頗孚聲望，又是諾貝爾獎的得主，但他的一生非常反對宗教，尤其對基督教的攻擊更是不遺餘力（李志航，1995），也正因為如此，羅素談到他的文化定位時，只提到人生有三個敵人（自然、別人、自己），其實他最大的問題就是他不承認還有上帝的位子存在的事實，結果人類一方面與上帝為敵，同時又以別的事物代替上帝的位子，才造成這世界許多混

亂的局面。

四、天、人、物、我的歸正

　　綜上所述各節，吾人不禁要問：「那麼，什麼才是正本清源及歸正之道？」〈創世記〉第四章二十五至二十六節透露了一線生機：

> 亞當又與妻子同房，她就生了一個兒子，起名叫賽特，意思是說：「神另給我立了一個兒子代替亞伯，因為該隱殺了他。」賽特也生了一個兒子，起名叫以挪士。那時候，人才求告耶和華的名。

　　人類至此才把握到人生亂源所在，就是人應重新界定與上帝（天）的關係，人類必須回到《聖經》所啟示，重新恢復與上帝和好的關係。也就是「人才求告耶和華的名」的結果，才會導致「我與天」、「我與人」、「我與物」、「我與我」的真正和好，今分述如下：

㈠「我與天」的和好

　　在舊約時代，人們藉牛羊等「祭物」與上帝和好，到了新約時代，則是藉著「上帝的羔羊──耶穌」與上帝和好，這就是經上所說的：

- 一切都是出於上帝，祂藉著基督使我們與祂和好（哥林多後書五：18）。
- 因爲我們作仇敵的時候，且藉著上帝兒子的死，得與上帝和好⋯⋯我們既藉著我主耶穌基督得與上帝和好，也就藉著祂，以上帝爲樂（羅馬書五：10-11）。
- 藉這十字架使兩下歸爲一體，與上帝和好了（以弗所書二：16）。

既然恢復了與上帝和好的關係，同時也就恢復了「與人和好」、「與我和好」並將來「與物和好」的關係。

(二)「我與人」和好

因祂（耶穌）使我們和睦，將兩下合而爲一，拆毀了中間隔斷的牆⋯⋯爲要將兩下，藉著自己造成一個新人，如此便成就了和睦。（以弗所書二：14-15）

(三)「我與我」的和好

- 這就是神在基督裡，叫世人與自己和好（哥林多後書五：19）。
- 既然藉著祂在十字架上所流的血，成就了和平，便藉

著祂叫萬有，無論是地上的、天上的，都與自己和好了，你們從前與神隔絕，因著惡行，心裡與祂為敵，但如今藉著基督的肉身受死，叫你們與自己和好，都成了聖潔，沒有瑕疵，無可責備，把你們引到自己面前（歌羅西書一：20-22）。

• 若有人在基督裡，他就是新造的人，舊事已過，都變成新的了（哥林多後書五：17）。

㈣「我與物」的和好

豹狼必與綿羊同居，

豹子與山羊羔同臥；

少壯獅子與牛犢並肥畜同群；

小孩子要牽引他們。

牛必與熊同食；

牛犢必與小熊同臥，

獅子必吃草，與牛一樣。

吃奶的孩子必玩耍在虺蛇的洞口，

斷奶的嬰兒必按手在毒蛇的穴上。（以賽亞書十一：6-8）

由上可知，這就是聖經中的「全人教育觀」，它是以「天、人、物、我」這四種和諧關係構成的，今將這種關係以下圖示意

為「歸正後的全人教育」：

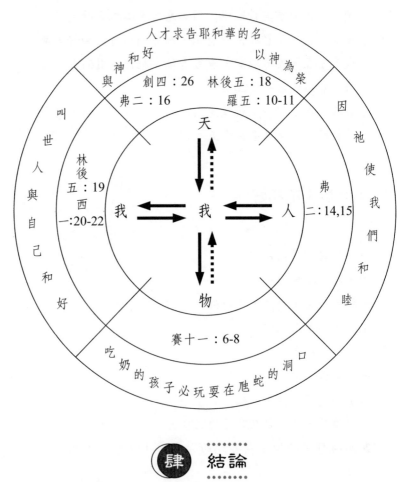

肆　結論

綜上所述，吾人可由此歸納出以下兩點，供今後對全人教育學習時的基本認知：

一、對個人認知方面

　　首要之務是先肯定「自己與上帝」的關係，並界定自己與上帝的定位，釐清上下主客的位分，以「敬虔文化」度日，生活中追求「聖潔」，注重「靈性」的成長，在世過的是「分別為聖」又「與主聯合」的態度，此等人才是「神的子民」，是屬乎「耶和華的族類」，其關係可用下圖示之：

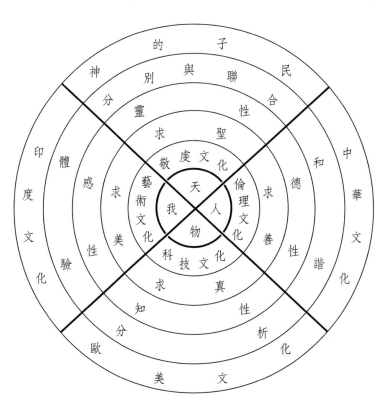

　　吾人若有此等信仰，則必不致誤將其他文化置於天（上帝）之位子，以致產生歪曲並混亂之價值觀，遂使個人之人生觀造成偏差，不僅誤己，甚至形成人類社會之亂源。

二、對群體成長方面

　　結合共同信仰、志同道合者，面對所處的環境，集思廣益，制定理念，促使人人在此生態中能百尺竿頭，更進一步，一起追求「天、人、物、我」的和諧及成長。

　　例如中原大學之創校（1955 年）即由一群熱心教育的基督徒和部分地方士紳，本「基督愛世之忱」而設立，直到一九八五年，校內有識之士「漸覺有必要盡快將當初的建校精神、理想與優良傳統加以整理，篆諸文字，以便繼續傳遞給下一代。因此，要求整理制定教育理念的呼聲，開始在校園內發出」（王晃三，1992）。

　　其間經過成立「中原大學教育理念起草小組」兩年來的研究、蒐集世界各大學院校之宗旨及教育理念有關資料，更博採眾議，多次公開討論，在溝通探索後，形成群體的共識，至一九八九年二月正式通過了中原大學的教育宗旨及其理念，而在其教育理念中第一條即開宗明義的標示：「我們尊重自然與人性的尊嚴，尋求天、人、物、我間的和諧」，而此目標也正說明了原本《聖經》中的全人理念，今可落實於中原大學的土壤中，而「全人教育」也成為本校治校教學的主要方針了。

　　最後，但願這本乎《聖經》原則的全人教育能匡正目前社會

急功近利、浮華澆薄之風氣，更在國人同胞心中鬆動硬土，早蒙天恩，好使福音的種子早早落實生根，享受「天、人、物、我」間之和諧，並且結實十倍、百倍、千倍，倘若如此，則「以耶和華為上帝的，那國是有福的」，願我中華民族早早蒙福。

【原發表於 1996 年 4 月 19 日「全人教育國際學術研討會」，2001 年 5 月 15 日重新修訂，2004 年 4 月 30 日三修】

問題討論

1. 在主體與客體的角色中，我們當如何稱職於自己的位子？
2. 在天、人、物、我四種面向裡，你個人最擅長哪種思考面向？爲什麼？
3. 如何才可能擁有完整的全人觀？

參考文獻

丁道爾（1991）。舊約聖經註釋。台北：校園書房。

王晃三（1992）。中原大學教育理念的制定、內涵與實踐。收錄於林治平主編，「基督教大學教育在中國現代化過程中所扮演的角色及其影響」國際學術研討會。台北：宇宙光。

李亦園（1983）。與青年人談文化。聯合報。10 月 18 日。

李志航（1995）。一齣沒有預備台詞的戲——從貓頭鷹與上帝的對話說起。海外校園，10。

陳士齊（1990）。神對文化的心意。今日華人教會、華人文化與福音專輯。

傅佩榮（1991）。儒家與現代人生。台北：業強。

黃伯和（1987）。孕育於文化的神學、福音與文化導論。台南：人光。

黃孝光（2001）。科技、人文、倫理整合新思維之省思——以中原通識教育中心為例。收錄於新世紀海峽兩岸高教理念學術研討會（中原大學、山東青島大學合辦）。

黃孝光（1988）。談中國人的民族性格兼看宣教方式。收錄於林治平主編，理念與符號。台北：宇宙光。

黃俊傑（1992）。我國大學通識教育的挑戰與對策。大學通識教育研討會論文集。新竹：清華大學人文社會學院。

聯合聖經公會（1992）。聖經（新標點和合本）。

哲學篇

全人教育的價值堅持
——論多元社會視野中的信、望、愛

曾慶豹

除非清晰確定學校的目標，否則為教育觀念、技巧和價
值所設計的具體細節便成了目的而不是手段，從而模糊
更大的目的。

——古德萊德（John Goodlad）

俄國大文豪杜斯妥也夫斯基（F. M. Dostoevski）在《地下室
手記》裡，有一段被人視為荒唐透頂的話：

當我由於某種原因對於自然規律和二加二等於四並不喜
歡時，自然規律和數學於我又有什麼關係呢？當然，假
如我真的沒有力氣用腦袋撞開這堵牆，我就不會去撞它，
可是我也不會向它妥協，那僅僅是因為我面前有一堵石
牆，而我的力氣還不夠撞它罷了。

用腦袋撞石牆固然容易被人視為荒謬、瘋狂；可是，甘做自
然律和數學的奴隸又能算得上是合理的嗎？難道人只有把普遍必
然的判斷奉為真理，而就此可以輕視眼淚、哭訴、呻吟、苦難、
反抗、孤獨和死亡嗎？

 多元社會的價值危機

近年來，由於社會價值的紛亂，以及帶來對教育的總體反思，

各大專院校祭出了「全人教育」的口號，有的把它當作教育的理念、有的將其貫徹於課程設計中，頓時，「全人教育」成了一種像過往「國父思想」的說法一樣，不過是增進了對通識教育的正當性依據，不僅表現為各說各話，而且還不免染上了教條化的色彩。試問：這是誰的「全人」？又是何種「教育」？

中原大學致力於全人教育，「全人」不是一種總體性的思維，儘管「全」意味著「總體」的意思。但是，作為「全人」的主張，實與一種「半人」或「非人」的情況有關，正是對「半人」或「非人」的批判中確立起「全人」。因此我們必須追問，什麼是「半人」、什麼又是「非人」。基本上，中原大學把「全人」放置於四個向度去思考，並且從四個向度確立其「平衡」與「和諧」的關係。因此，從「天、人、物、我」的四個向度，把握在此「人與天（超越）」、「人與他人」、「人與自然」、「人與自我」四方面尋求「平衡」與「和諧」。但是，我們在描述「平衡」或「和諧」的狀態時，似乎還未真正顯示出其「價值」的向度；換言之，不觸及價值層面的「平衡」與「和諧」正暴露出只有「全人」沒有「教育」。所以，「教育」之所以為「教育」，它意味著必須給出某種「主張」，這種「主張」不僅是「主張」，本質上它更是一種「實踐」，教育正是使某種可行的、優越的、美好的實踐「主張」給予傳授。總之，關鍵在於我們要的是「何種」教育。

全人教育的阻礙或敵人，就是科學主義和歷史主義。科學主義認為，價值或信念僅僅是個人的偏好，沒什麼好或不好；歷史主義則教導，沒有什麼恆常性的東西，一切都是基於不同價值的

不同生活態度的結果。這兩種主張相當程度變成了一種專制，道德或價值問題都被認為理所當然，而沒有經過嚴肅的討論。

本文主旨在於呈現出「某種」教育在價值理性的危機，指出「價值」如何在教育中逐漸地消失，並且以此才導致一種「失衡」、「衝突」的「半人」或「非人」，追根究柢，問題還是表現在「教育」的危機上，因此，回到核心價值是本人的呼籲，只有提出價值理性的原則、動力、基礎，才能匡正教育的偏差，本文分別以「信、望、愛」作為價值理性的原則、動力和基礎做討論，指出意識形態貧困（並非消失）中，如何更根本的面對核心價值的必要性，在告別三民主義和「後」愛台灣的語境中展開上述的價值理性。

以下我把「信」理解為「信念」，一種對價值的深思熟慮和堅持的基礎，這是對自己有信心的理由，也是作為信任他人的態度之依據；「望」是指相對於冷漠的「盼望」，所以它不僅僅是指對未來有計畫、有信心的盼望，更重要的是抱持一份對未來的「熱情」。這種「熱情」驅使著我們面對將來，儘管有些不確定，但永不放棄；「愛」是一種需要，它代表著人需要別人的關愛，同樣的，自己也需要被愛，不管這個世界傷害我們多少次，也不管在愛裡曾經有過失望，但是，如果不再有愛、不再去愛，人的一切生存價值將徹底地被摧毀，沒有什麼比愛更偉大的，所以《聖經》才會類比的說「上帝**是**愛」（約翰一書四章：8），注意，《聖經》並不說「上帝**有**愛」，其中的道理不言而喻。

貳　信（念）

　　許多人認為，價值問題太過於複雜和抽象，教育即是學習某種應付生活的技能，把價值注入於教育中是不切實際的。事實上，人類的基本價值包括生存、健康、自由、幸福、友誼、愛情、自尊、滿足、生活的意義等，無一不是人類所認同的價值，但是這些價值的背景，其本質是呈現為一種信念的方式被人堅持或接受，不管是生存、健康、自由、幸福、友誼、愛情、自尊、滿足、生活的意義等，都需要人們信仰它。換言之，信仰在此意味著支撐起價值原則，一種價值之所以值得被遵從、被實踐，它已然是一種信念，之中最基本的信念即是：美好。

　　決定什麼是美好的事物，就在於這種事物是否有強大的信念給予支持，甚至，信念還成為我們判斷價值的準則。很多最基本的人類價值可以在教育自身的過程中得到實現，教育即是盡可能培育我們希望學生在今後的歲月中所擁有的美好生活。教師的任務就是幫助學生澄清其價值的性質和結果，並使學生逐漸完全服膺於它們，至少要能夠使學生對他們自己的價值之適切性抱持更大的信心。[1]

　　對於美好事物的追求，會使我們努力不懈地擺脫價值的模糊，

---

[1]　Clive Beck (1990), *Better Schools: A Values Perspective,* Falmer Press, pp. 147-150.

擺脫隨波逐流、迷失方向的窘境。現代是價值多元的社會，愈是多元，我們愈容易隨波逐流、迷失方向，因此堅持某種價值、對美好事物的追求並不意味著是一種教條，相反的，堅持一種信念反而是成熟的表現，愈是在多元的社會中堅持某種信念，愈能經得起考驗，愈能在含混不明的價值世界中脫穎而出，做出明快和準確的判斷。

其實，多元社會中的人最大的難題，就在於面對價值問題時不知如何進行價值判斷，問題的關鍵即在於我們沒有相應的信念來支持我們，我們只有一堆經不起考驗的偏見，處處顯得拿捏不定，甚至做出違反價值的行為。這些都使我們深刻地了解到，價值多元的結果是使我們更深陷於模糊和抽象中，喪失了生活的方向，「沒有觀點、沒有立場、沒有是非」，其結果必然使我們愈來愈遠離美好的生活，僅僅依賴外在的行為、被用來判斷效率和結果的標準。

目前種種把生活當作教育目標的做法是危險的，因為在沒有完全確立起價值之前的生活價值，實際上是將教育庸俗化，它根本沒有辦法教育學生有能力去判斷什麼是好的、什麼又是壞的。把生活的教育充當為知識，無異是教導我們生活的能力，卻不理解其根據是什麼，是否與我們總體要追求的價值實現相容。

當代的教育處處表現出這種放任的自由，其前提竟然是認為價值的教育是不可取的，是一種教條化的行為，說到底，價值不過就是一種偏好，一種主觀的喜好而已。但是，上述這種觀點是錯誤的，價值問題的存在是確證無疑的，而且我們每天都要解決價值的問題，儘管價值的問題無法倖免於可能的紛擾，但不意味

著我們因此就可以不作價值判斷。因此，不管從何種角度來看，學校的教育必須朝向培養學生的基本信念，針對價值的立場做嚴肅和認真地對待和討論，讓學生經常練習價值判斷，強化對某種信念的堅定立場，如此在價值的實踐和判斷時，才可能做出果敢和確切的反應。

對全人教育的基本信念而言，就是相信這世界存在著價值，而且對於美好的生活價值不予以妥協和退讓，這種態度是從對信念的基本信賴而來的，而這種信賴又來自於對自己的信念有足夠清楚地掌握。毫無疑問的，沒有對價值有如此強烈和堅定的信念，在多元價值社會的衝突和選擇之下，這些學生不只容易失去人生的方向，而且在價值的混亂狀態中，永遠走不出一條屬於自己的道路，愈是沒有價值，愈無力於生活在價值多元的時代中。

事實上，價值多元不是沒有價值，而是價值的競爭；價值競爭說明了除非有明確的信念支持我們的價值判斷，不然，我們注定在眾說紛紜的嘈雜中被淘汰。學校在教育方面即是加強對信念的根本認識，並通過說理的機制培養對信念的堅持，這樣的全人教育才真正能培養成熟和自主的學生，使其在多元價值的衝突之中，仍能為自己找到定位。

教育的價值理念最大的威脅即來自於多元社會價值紛亂的問題，教育必須能夠抵擋來自多元社會一些價值扭曲的壓力。全人教育即是價值理性的教育，作為對信念的維護，即是防止多元社會墮落成為一種野蠻，一種無所謂，將「去價值」當成一種價值去主張。教育最大的危機就在於它的價值無涉（value free），甚至認為對某種價值的堅持即是反多元的。價值無涉最壞的地方即

是掩飾了人們對於危險的價值的倡導，以及表現為一種無所謂的態度，這種多元主義的弊端將形成一種虛無主義的毒害，以多數的、平頭式的態度埋葬人類努力建構出來的價值文明。

全人教育是多元主義的解毒劑，使價值上升為某種信念的堅持，這樣的努力應該視為所有教育的理想。儘管社會的多元價值已滲入大學之中，但作為對價值理性的堅持，如何珍惜和維護人類文明寶貴的忠誠、博愛和崇高的理想，正是全人教育的最高使命。

所以全人教育對價值理性的培養即是通過經典的教育來實現的，只有通過閱讀人類積累下來的經典，才可能培養出對價值的嚮往，也培養出對價值做理性的判斷。大學作為多元社會中保護價值免於墜落的最後一道防線，全人教育的理想即在此。

教育應該是指：致力於將信念的標準和深度教給學生；如果進一步的學習改變了信念的內容，那是基於這樣一個出發點：即它提供了兼具包容性和嚴肅性的模式。當代的高等教育日趨專業化和技術化，但是，一個真正受過教育的人，應該表現出好公民的素質，不管就權利與義務、道德行為等方面，教育即是能夠使公民深切的關注並實踐出價值的堅持。[2]

無論如何，人作為一種需要價值與生產價值的動物，直接導向了這樣一種信念，即美好的社會是允許自我獻身於真實的價值並按照這些價值來發展社會。所以價值信念的教育永遠不會是空

2　The World Bank/UNESCO (2000), *Higher Education in Developing Countries: Peril and Promise,* Washington.

洞的，獻身於某種價值並為某種價值為教育的信念，正是全人教育致力實踐的觀念。

　　德國哲學家康德（I. Kant）曾經表示，在他二十多年的教學生涯中，每一年都要重複一遍以下的問題：「哲學是關於一切知識和理性使用與人類理性的最終目的相關聯的科學，對於作為最高目的的最終目的來說，一切其他的目的都是從屬的，並且必須在它之中統一起來。在這世界公民的意義上，哲學領域提出了下列問題：我能知道什麼？我應當做什麼？我可以盼望什麼？人是什麼？形上學回答第一個問題，倫理學回答第二個問題，宗教回答第三個問題，人類學回答第四個問題。從根本上說，可以把這一切都歸結為人類學，因為前三個問題都與最後一個問題有關。[3]其中，『我可以盼望什麼？』在現代多元社會意味著什麼呢？」

　　盼望，不是與幻想相對，而是與冷漠相對。

　　現代社會以數學的結構建造其理性的面貌，並且以科層的方式來操作，理性愈是熟悉這種事物，則愈變得冷酷無情，結果不僅喪失了價值判斷的能力，也喪失了價值的敏感度。

---

[3] Kant (1957), *On Logic,* London, A25.

　　盼望，如果是與冷漠相對，那麼，盼望就是指一種熱情，一種對生命抱持可能的熱情，更是對嚴肅的價值抱持堅定追求的熱情。現代社會並不鼓勵我們對價值抱予熱情，理由是他們把價值等同於意識形態來理解，結果是乾脆取消任何的價值堅持，甚至連價值探問也當作是多元社會的敵人。所以，多元社會愈來愈造就一種不聞不問、漠不關心的冷漠，並還把它當作一種多元社會的「價值」來信仰。

　　同樣的，教育教給我們的知識，都是一種在冷漠的態度下進行的實驗和觀察，我們愈來愈認為，冷漠是一種必要的，也是理性的。然而，冷漠恰恰埋葬我們價值理性的動力，因為冷漠充其量不過是帶給我們一個可預期的結果，而不是對未來的希望；換言之，教育如果不過就是一種可操作的，一切都在我們可預期的情況，就不再有新奇的事發生，「太陽底下沒有新鮮事」，那將是虛無和冷漠，因此，任何的努力都將失去意義，任何得到的滿足都不過是過眼雲煙。

　　人的生活不完全是技術的問題，技術教育固然給我們一份謀生的技能，但是它永不可能幫助我們去理解最嚴肅的問題，特別是如何面對可能而來的挫折和失敗，以及可能經驗不幸或不愉快的遭遇。

　　我們這個時代的學生未曾經歷過父母輩們對滿足於簡單物質的焦慮，他們在舒適和受保護的環境中成長，他們還不斷的期望增加舒適；相對而言，他們對許多東西都是漠不關心的，尤其是生活中最為嚴肅的問題，經常表現出不以為然的膚淺態度，覺得這些都是無意義的東西。目前的大學生對深刻的東西很少有深切

認識的經驗，經典的價值提問似乎很難引起他們的興趣，根本的原因就出於冷漠。沒有來自於物質生活的壓力，更沒有來自於嚴肅閱讀的經歷，大學教育普遍淪落為死氣沈沈，不帶盼望的教育。這正是教育的一項重大危機。

冷漠是對價值毒害最深的一種態度，它深深地腐蝕著我們民主生活的基礎，它葬送了我們人類文明對崇高事物追求的理由，也葬送了人類彌足珍貴的道德感。事實上，多元社會之所以寶貴，正因為它深覺某種價值的追求是必要的，所以多元社會要的是寬容，但不是容忍，多元社會要的是開放，而非封閉。

大學生的冷漠是大眾文化工業過分麻痺的結果，他們的冷漠與一種心理的遲鈍有關。如今我們所理解的熱情（嚴格說來只是「好奇」），只是一種對強有力事物的屈從，無論內容如何，它崇拜抵抗的成功、崇拜表面的原則，大眾傳播不斷加深了我們對各種事物的印象，其實不過就是一種再簡化不過的區分。我們的熱情意味著，我們並不需要別人，因此，它實際上就是封閉，就是冷漠。[4]

冷漠使我們安於現狀，形成一種封閉，然而，盼望卻使我們真正地迎向未來，產生真正深思熟慮的質疑和批判。熱情，曾經是這樣一種美德，它允許我們用理性去尋找善；而現在，它則意味著接受一切事物，否定理性的力量，這種不加分析、毫無限度地追求的熱情，已成了一個沒有意義並接近於虛無的東西，正是

[4] Allan Bloom (1994)，走向封閉的美國精神，北京：中國社會科學，頁28。

從熱情走向冷漠。

　　教育必須要盡力尋找那些能激發大學生渴望美好的東西，並且重構那些使他們能夠尋找那種美好的學問。因此，教育之所以存在，就在於它宣稱對永恆價值事物抱持熱情的追求態度，儘管現存的價值紛亂、思想判斷混雜，但是，教育即是給人的理性追求予盼望，堅定地認為多元社會不是一種封閉、自以為是；相反的，它代表著一種對價值追求的堅定信念，不斷地走出現狀，迎向一種更新的可能。

　　所以，教育雖然無法為價值下最後且絕對的定奪，但是卻不會因為目前的價值混亂局面而放棄理性追求的熱情，教育即是教導我們永不放棄對價值做根本的探問，儘管價值不易取得，但不意味著可以取消價值，或絕望地認定沒有價值（虛無）。因此，盼望即是對價值展開堅定不懈地追求，教育即是讓我們與古今偉大的價值追尋者串連起來，共同認真嚴肅地尋找價值，如柏拉圖（Plato）、亞里斯多德（Aristotle）、奧古斯丁（St. Augustine）、尼采（F. W. Nietzsche）等人，對於價值紛亂的現實仍對價值抱持一線希望。

　　在此多元社會，盼望的意義應是指上述所理解的問題。

　　大學要扮演啟蒙精神的角色，就必然按康德的意思，留意到「我能盼望什麼？」，只有嚴肅地對待冷漠的問題，「盼望」才是真正對人的未來自覺，一切所謂的樂觀、積極的思想也才有意義。大學教育的發展並不是教育我們「知識就是力量」，也不是在道德律上滿足「無上命令」；現今的大學談論太多「知識」，結果變成了「知識掛帥」，說太多「刻板的道德教育」，結果變

成了「虛偽的教條」，然而，真正克服我們的困境的，唯有在盼望的精神下自覺，用熱情擁抱我們自己的人生和這個世界，我們和這個世界才真正有盼望。

肆 愛（心）

多元社會的衝突問題，經常是通過法律來解決的。法律成了現代社會人與人關係的一種表現形式，也因此我們企求通過法律來確立我們的價值。然而，法律恰好是一種失去愛的工具，法律是依據一套已然成形的規範來作為規定人際關係的一種方式，可是，一切訴諸法律，終將會是赤裸裸的。法律的行使，即是愛的闕如之處。人人需要愛與被愛，法律不是解決問題的最終答案。

人人需要被愛，因為人先天感到自己是孤獨、弱小、無助，這是一種人的根本需要；人人需要去愛，因為人先天感到自己應該去與人分享自己所擁有的，以及對於別人的缺乏和不足感到一種責任。弗洛姆（Eric Fromm）批判資本主義時指出，現代社會平等的意義已經扭曲，人們把平等理解為「相同」，而不是「連結」，所以我們不只造就了人與人之間的機械型關係，同時也喪失了個人的特性。事實上，對於人與人之間的連結之渴望，是人生命中最為強而有力的，成熟的愛是在保存自己的完整性、保存自己的個體性之條件下的連結。因此愛是主動的認同，而非被動

5 Eric Fromm 著，孟祥森譯（1985），愛的藝術，台北：志文，頁 25-34。

的統一。[5]

　　現代人的焦慮與不安往往來自於與他人的隔離，而又未能以愛來重新連結。然而，我們又宿命地不能沒有愛、不能不去愛，叫我們苦不堪言。現代教育並未為我們提供愛，相反的，它更剝奪了我們的愛。啟蒙式的教育教我們根據數字來理解事物，把目的和工具當作最準確的思考。然而，愛是不確定的、無法計算，甚至與效益的目的相衝突，結果得出了現代人的兩種信仰：個人競爭的價值，以及個人理性的崇拜。[6]羅洛・梅（Rollo May）把現代人的核心價值的乏落歸咎於「愛的失落」：「真實」取代了「尊重」，「自由」取代了「責任」，「占有」取代了「了解」。

　　事實上，現代社會失落了愛，並沒因此而淘汰了愛，相反的，人們對愛的渴望更是強烈，這種強烈卻因為某種失落反而變成了愛的扭曲，尋求某種不正當的出口，以撫慰愛的空虛。許多的現象說明，「愛」愈是「求不得」，愈是證明不能沒有愛。

　　嚴格說來，愛不是一種命令，愛是一種理想，這個理想引導我們、啟迪著我們，使我們感到人生如果沒有了它，一切都將了無生氣。沒有愛的地方就是地獄。人不是生來就合乎價值理性的，通過教育，特別是通過愛，價值由此確立其基礎，愛正是一切價值教育的基礎。換言之，價值理性並非來自於邏輯，也非來自於法律，而是來自於愛，沒有愛，一切價值理性將失去其基礎，一切的教育也都歸於零。因此，愛是首要的。

　　愛是首要的，它不是對存在，而是對價值而言；有價值的東

6　Rollo May 著，葉頌姿譯（1973），愛的序言，台北：晨鐘，頁27-30。

西，就是我們愛的東西。無疑的，正是這個愛，使它成為最高價值的。價值理性是愛的外表，愛由此變得可能，價值的堅持變得必要。價值產生於愛，又使之傾向於愛；沒有愛，我們的價值還剩下什麼？沒有愛，所有的價值變成了義務、變成了責任，結果只是利己主義或實用主義，喪失了神聖的理想性。沒有愛，任何事物都沒有價值，因為所有的事物都由於愛才有價值。

愛是不可能被支配的，因為是它在支配；它確實在支配，所以像保羅評價它那樣，它是戒律的總結，甚至比學問、信仰或希望還要珍貴，它們若有價值，也只是由於它和為了它才有價值（哥林多前書十三）。

人人需要愛，這世界唯一永不退色、永遠吸引人的就是愛。愛肯定不是基於過去的經歷，也不是基於某種知識的結果，愛超越了這一切，它著眼於未來，是一種期待中的肯定，它吸引著我們對一切事物近乎瘋狂的追求，沒有愛，不會形成我們對知識的追求，無愛的結果是死寂一片，談論「信念」或「盼望」都不再可能，不再有意義。

面對社會競爭以及理性（工具性）崇拜的無情，全人教育要實踐愛的教育確實有其困難，哪一所大學不強加她的「研究能量」、不顧及「市場供需原理」，但是，其結果則是全人教育的呼籲只好成了一種安撫良心的麻藥，一種自欺欺人的口號。要教育學生「有愛」，除非老師首先「有愛」，然而，愛是需要耐心、需要付出時間，因為愛從來就不是廉價的，正確的是，愛從來就是奢侈的。

要說「有愛」的教育，其實只有兩種方式來落實，而且是非

常簡單的方法。第一，付出更多的時間與學生在一起；其次，主動關懷學生的需要並為他們解決困難。要如此付出愛心，才可能教出一個嘗到愛、懂得愛、分享愛的人，這個社會才可能真正「有愛」，講再多的「愛的哲學」、「教育的理念」都是空話，如果連時間都不願意付出、無法付出，如果連主動關懷學生需要的行動都沒有，就不只是「愛的失落」，而是「價值的崩潰」。

　　沒「有愛」，如何「有信」、如何「有望」；信念要有愛的支持，盼望也要有愛的投入。信念若表現為對價值的堅持，那麼沒有了核心價值「愛」，其他的價值都顯得脆弱、不堪，不再「有愛」，遑論「有信」；盼望是一種熱情，對未來的熱情、對世界的熱情，沒有愛就不會有熱情，一個不再「有愛」的教育，如何教出「有望」的學生。

 ## 意識形態貧困的年代：回歸核心價值

　　無庸質疑，價值問題是一個最令人迷惑不解的問題。

　　理性只能理性地被拋棄，未經這樣嚴肅思考，現代觀念就會變成空洞而危險，生活則失去了方向和意義。只有通過追求價值信念，所有的觀念和生活才變得清晰起來。進行這種追求應成為大學的使命。[7]

---

[7] Allan Bloom，〈大學的民主化〉，收錄張輝編選，應星等譯（2003）巨人與侏儒，北京：華夏，頁348。

　　一切終極且崇高的價值都在公共生活中退隱，這並不是學院裡輕鬆議論的時髦課題，而是現代社會所面臨的真實困境，它直接衝擊了價值選擇的問題。在價值多神論的劇烈爭嚷底下，是否存在著「最低限度的道德」〔阿多諾（T. W. Adorno）語〕，都成了現代人的沈重負擔，除了孤獨地為自己的抉擇負責之外，現代人恐怕難以找到安身立命之道。

　　多元社會的特徵，就是摧毀了這一套認為生命的意義有其客觀價值根源的信念，正如韋伯（Max Weber）所提到的，不對「理智做出犧牲」而信仰上帝和有神論的宗教在今天已是不可能的了，包括「宇宙倫理觀的理性主義者」的信念也不可能不受到「上帝之死」的影響。[8] 生命或周遭的世界究竟有沒有「意義」？現代教育的自然與社會兩個領域並不提供一套客觀的道德秩序和標準，換言之，「意義」變成了一件「個人」的事，沒有客觀的來源、沒有理性的根據可言，結果只剩下主觀和衝突的價值判斷存在。我們被命令要牢牢地掌握住我們的價值，然而卻又認識到這些價值根本沒有終極的理性基礎，等於是在一個無意義的宇宙中追求一個有意義的生命。

　　人必須選擇價值，沒有價值，人無法行動，更別說通往一種有意義的生活。人必須為他自己選擇價值，但是，就客觀的層次而言，就是否定其他同樣有效的價值，於是也就賦予個人沈重的責任，靈魂可以說都被內戰撕裂了。多元社會的危機在這裡已不

---

[8]　Max Weber (1978), *Economic and Society,* Vol. 2, Berkeley: University of
　　California Press, p. 567.

是一種「價值多神論」，而是「價值無神論」。

紐曼（John Henry Newman）認為，「大學教育訓練的目的只是在提升社會知識的格調，在教養大眾的心靈，在純化國家的品味，一方面對大眾的勤勉給予正確的指導原則，另一方面則是對大眾的期望給予確定的方向，拓寬和調解時代觀，促進政治權力的運作，提升人際生活。」[9]

從歷史來看，大學確實不應只是培養學有專長、足以應付職業工作之需的專業人才，而且它一向是被視為接續文化傳統並締造理想的殿堂。但是，技術教育卻在今天的大學中取得了絕對優勢的地位，甚至還根本的懷疑起價值教育的必要性，大學不過就是學習一套謀生技術的場所而已。[10] 可見，現實的高等教育已全面地融入與資本主義利益有聯繫的網絡中，大學的學術工作、課堂社會關係和權威機構，都受到了經濟利益集團和官僚利益集團之多元和自由面紗下的勞動分工，愈來愈多的技術專家治國型知識分子充當了指導生活倫理的導師。[11]

在此意義下，全人教育應該是醞釀理想性格和責任倫理的溫床，避免讓現實的價值無神論吞沒了大學的反省性風格。基督宗教研究雖以科學性（Wissenschaft）的形態出現，但其社會學上的

[9] John Henry Newman (1947), *The Idea of University,* London: Cambridge University Press, p. 178.

[10] 石元康，〈現代社會中價值教育為什麼會式微？〉，收入氏著（2000）從中國文化到現代性：典範轉移？，北京：三聯書店，頁150-164。

[11] Carl Boggs (1993), *Intellectuals and the Crisis of Modernity,* New York: State University of New York Press, pp. 97-104.

意義並不是源自學術或文化領域自身,它必須擺在人們的日常生活世界之中,才能充分地呈現出來。所以,**一個從事全人教育的人,是手握全人教育象徵符號走進人們的日常生活,處理每日所見所聞之事物的價值或政治的象徵意義。**[12]換言之,大學的基督宗教研究者不是異化了心靈的勞動者,不是匠氣十足、講求貴族菁英的專家,他們是根據所建構的符號世界為理想架構來干預,並力圖改造現實之日常生活世界。對於日趨扭曲變形的社會,一種帶有批判式的教育行動恐怕是無可避免的,因為任何忠於其教育信念的人,不可能不採取行動。[13]

　　無論如何,大學中的教授不應只是以授課時數、實際發表論文、擔任職務、指導學生或承接研究計畫案之多寡等外顯行動的表現,來定義其工作熱誠與奉獻的程度。若以這些表現來定義所謂的學術倫理或敬業精神,即正是現代社會中之客觀化責任倫理觀所帶來的困境。相對的,其結果是壓抑了人性中的善良,也低估了實踐價值信念的貢獻。從事教育如同從事其他行業一般,具備熱誠和奉獻精神只是先決的態度要件,但是,此一態度如何具體地呈現、呈現在什麼地方,卻不是全人教育堅信者可以不去追問的。

　　我們必須注意到韋伯曾經說過:「利益而不是理念,直接支配著人類的行動。但是透過『理念』所創造出來的『世界圖像』,

12　葉啟政(1992),〈大學教授的角色和使命〉,台灣當代,73,頁16-35。
13　同上。

常如軌道上的轉轍手，決定了軌道的方向，利益的動力推動著行動。」[14]韋伯更是承認，宗教對生活導引的形塑是一個關鍵作用，換言之，基督宗教的世界圖像作為生活的導引，仍具備強大的倫理學作用，成為行動者在日常生活中實踐的推動力。在實踐的意義方面，基督宗教學術與倫理學是不可分的，基督宗教倫理學即是對於日常的生活引導，是行動者的動力。

現代教育的危機，即是生活價值的危機，也就是倫理的危機。[15]從實證主義到歷史主義，它們對價值所帶來的衝擊，即是把價值排除到研究領域之外，正確地說，是把價值從具體的生活中抽離出來。在生活中，我們被迫要做價值判斷，一種抽離了價值判斷的教育不過是道德上的遲鈍，有可能發展出一種虛無主義的狀態。

不做價值判斷，不一定可以保持價值中立，相反的，它很可能會對任何一種偏好產生腐蝕性的影響，特別是對真理的追求。全人教育所談論的，正是認為某種生活方式是有價值的、是值得過的。對所有價值領域而言，獻身於它並且賦予熱情都是很重要的，但是，這樣的獻身也意味著是對價值之神或魔鬼的熱情。換言之，獻身於教育似乎並不是單純的選擇問題，因為任何的選擇

14　韋伯，〈比較宗教學導論——世界諸宗教之經濟倫理〉，收入康樂、簡惠美譯（1992）宗教與世界：韋伯選集II，台北：遠流，頁71。

15　布魯姆（Allan Bloom）對當代民主化底下的大學做出了深刻的批判，見氏著（1987）*The Closing of American Mind*，New York: Simon and Sehuster，及〈自由教育的危機〉、〈大學的民主化〉，收錄張輝編選巨人與侏儒，頁313-348。

必然隱含著價值的問題，毫無疑問的，價值的實現過程也就與倫理構成緊張的關係：怎樣的倫理決定著怎樣的價值，也決定著其實踐的過程與結果。

全人教育就是試圖引導公民，從生活多元走向價值生活。如何克服多元社會的價值危機？有賴於我們是否成功地實踐信、望、愛的價值理性。

問題討論

1. 現代多元社會何以產生價值紛亂？
2. 為何多元社會更須有價值堅持？
3. 全人教育中的信、望、愛的意涵是什麼？

參考文獻

沈清松（1995）。人我交融。台北：洪建全基金會。

陳曉林（1987）。學術巨人與理性困境。台北：時報。

Allan Bloom著，宋麗娜等譯（1994）。走向封閉的美國精神。北京：中國社會科學。

Eric Fromm著，孟祥森譯（1985）。愛的藝術。台北：志文。

Jean-Jacques Rousseau（1998）。愛彌兒。台北：五南圖書。

Leo Strauss著，彭剛譯（2003）。自然權利與歷史。北京：三聯書店。

Max Weber（1991）。〈學術作為一種志業〉、〈政治作為一種志業〉。收入錢永祥編譯學術與政治：韋伯選集I。台北：遠流。

Rollo May著，葉頌姿譯（1973）。愛的序言。台北：晨鐘。

全人教育的心理學基礎

潘正德・蘇友瑞

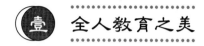

壹　全人教育之美

　　教育是很美的，教育之所以美，乃在於教育是需要用心經營全人的事業。既能用心，從事全人教育，便是一項美麗的工程。

　　教育開啟學生的好奇心、想像力、判斷力、思考力、感受力、創造力，與表現力，使他們成為一個具備全人思維能力的人。

　　不過，傳統的教育因升學領導教學，考試左右學習，分數凌駕一切，致使教育落在過度重視形而下的片斷知識內涵之學習，缺乏整體性的全面關照，學習的成就，僅局限在零碎知識的獲得，與短暫的記憶背誦，對於培育一個「人」，使之成為「適性」、「有用」、「健全」的「全人」，其助益不大，此一功能上之缺失，誠屬教育之一大憾事。

　　在全人教育的思維下，教育是一種「心」教育。「心」教育的精神與內涵，在於揭櫫「教學的內容重在能力的啟發培養，而不是知識的記誦」，「教學方式著重於老師提供開放、尊重、討論的教學環境，以生命感動生命，啟動學生對生命的熱愛與實踐」。這正是目前教育脈絡環境與教學過程力有未逮的部分。「心」教育不僅著重學生的啟發培養，尤重老師們的身教、言教之合一，以及透過生命感化、教化，達到深層的師生互動效果。顯見，全人教育的「心」教育在哲理上融合形而上與形而下的層面；在目標上開發學生各方面的基本能力；在實踐上實現德、智、體、美、群均衡發展的全人教育；在立論基礎上是建構在心理學

的原理原則。

由此觀之，全人教育的「心」教育乃是成人之美的教育。這種教育是一種以學生為主體，因材施教的「適性」教育；也是一種有教無類的「全人」教育。藉著啟發，以愛真誠相待，在學習的過程中，把全體學生一起帶上來。不讓才智的高低，決定一生的命運；也不讓學習成就的高低，決定職業生涯的尊貴或卑賤。因此，「心」教育是孕育人性之美的人性化教育。這樣的教育自然帶領著學生朝向：快樂的學習、親密互動、無限潛能的開發與成長。此一理念，與陳之藩在《在春風裡》的教育理想是不謀而合的。陳之藩指出：「一般的大學把學生當成礦物，讓他們定型，牛津、劍橋把學生當生物，讓他們成長。」

教育是百年樹人，又是春風化雨的工作。教育對孩子的影響既深且遠。從教育所獲得的成就感，絕非功名利祿所能比擬，更非罄竹所能盡述。

教育是很美的，一個奠基於全人的「心」教育更美。在後現代紛擾、脫序的時空中，社會上需要堅持理念的中堅分子，教育工作環境中亦需要中流砥柱的一股清流。這些人勇於向淺碟型的庸俗潮流說「No」，也樂於向深度的傳統美德說「Yes」。在實現「全人教育」的美麗心靈工程中，謹以詩人普里斯特拉（Gabriela Pristral）的詩自我期許共勉之：

世上許多事可以等待，

但孩子是不能等待的，

他的骨在長，血在生，意識在形成，

我們對他的一切不能答以明天，

他的名字是今天。

 貳　全人教育的心理基礎

　　自十九世紀以來，西方近代心理學的發展，尤其佛洛依德（S. Freud）的心理分析學派，與華森（J. B. Watson）的行為學派，以當時的自然科學為典範，使得心理學成為一門「中心無主」、「沒有靈魂的心理學」，將人化約為動物與機械——次人性現象的人觀，造成「全人觀」的嚴重缺失（劉秋固，2000）。而人本心理學思潮的興起，平衡並補足此一缺失。人本心理學以「人為中心」的思潮，認為人是「活生生的人」，是歷史中的「具體實存者」。強調每個人是獨特的個體，每個人都具有尊嚴與價值（潘正德，2004）。教育是人的改變工程，不宜就人的部分做零碎式的考慮，而應從全人的觀點，做全方位的思維。因為「整體超過部分的總和」。

　　事實上，我國傳統的儒家精神，便是以人為中心，肯定人性的尊嚴和偉大，強調人與自然和諧並進，重視仁民愛物的親和關係，並要提升個人人格以致聖人，協和社會生活，以進大同，進而達天人合一之境界。因此我國傳統教育本就是一種人文教育，目的在培養一個懂得「安身立命之道」的君子，亦即一個健全的人，而不是只求「一技在身」的工匠而已（張芬芬，1987）。但，

省視整個現實環境，卻不難發現事與願違。在就業市場的主導下，就業訓練人才，為生涯規畫未來的趨勢下，大學教育多少感染一些現實的色彩。為了遷就現實，大學教育的理想便逐漸淡化、消失，甚至變質。此一現象，值得憂心，並深入研析。

本文試圖從全人的觀點，探討「全人教育」的心理學基礎，或可在全人教育相關的心理學研究中，作為「拋磚引玉」、「開窗引明月」之先期作業。

一、從心理學的學科分工看人的不同向度

從各種心理學領域中，至少可以提出三種研究方法論互異的領域。第一個領域是「實驗心理學」，其中包括認知心理學、知覺心理學與生理心理學等三學科。第二個領域是「社會人格心理學」，其中包括社會心理學、人格心理學與其他相關學科。第三個領域是「臨床心理學」，包括「心理輔導」、「心理諮商」、「心理治療」與其他相關學科。在不同領域的心理學研究中，隱含了部分或甚至是完全不同的人性假設與人性議題。從下面的論述可以略見一二：

㈠實驗心理學的人性向度

實驗心理學的三學科中，認知心理學研究人類的注意、記憶、語言、推理等認知功能如何運作；知覺心理學研究人類面對感官刺激時，如何從感覺訊息轉變成人類心理內在的知覺訊息；生理心理學則研究人類行為的神經生物基礎。在這種心理學領域中，

特重人類行為的標準量化與操作型定義，且以自然科學性的實驗為方法。也就是說，期待心理學能具有如同自然科學一樣的嚴謹性。

例如當一個人正在說話時，認知心理學者將會研究他如何運用舊有的語言知識來表達他目前的語義，也會研究他如何透過目前所說的話回饋給自己而能正確地產生接續的新話語。更進一步，會研究一個人的話語有怎樣的知識結構，語音與語義的訊息是如何處理的。如果是知覺心理學者，將會研究人類耳朵一個個收錄的語音單元，如何整合成一個有意義的語音知覺。如果是生理心理學者，將會探討人類的大腦在生理解剖上，哪一塊區域負責話語的產生，或哪種神經傳導物質是負責語音訊息的運作。

基於認知心理學與知覺心理學之理論皆可以進行電腦模擬的事實，該領域隱含「人腦與電腦可類比」這種機械論的人性觀。例如，內維斯與安德森（Neves & Anderson）主張，人類的自動化歷程是知識的編纂（compilation）所產生，人類的知識皆以命題為基本單元，而以命題的各種組合形成動作程序。自動化歷程的產生，便是由原先複雜的大量命題程序，透過編纂而變成簡單的少數命題程序。這些研究的理念，與電腦程式語言的結構非常類似。

基於生理心理學嘗試架構人類心理的神經生物基礎，很自然地其隱含的人性向度是「人類的行為皆是生物化學因素的結果」。著名的生理心理學家赫伯（Hebb）主張：「……名叫意識的東西之存在是一個可敬的假設，不是資料、不能直接觀察到……」（引自博蘭尼與浦洛施，1984，第二章，頁27），便明顯可看出這種

透過生理心理理解人性的特色。

　　簡而言之，這一類自然科學化的心理學，雖然強求符合嚴謹量化而否定許多無法量化的人性本質，如「愛」、「意識」等；但是其所作所為讓我們了解人性許多機械生理限制之處，從而促進我們的正確判斷。例如，我們現在已經知道精神分裂症（俗稱發瘋）是生理疾病，不是道德污損，也不是家庭教育失敗，自然就不會在精神分裂症患者與家人身上加諸一種污名化的歧視，如此更可以把焦點放在正確處理相關的社會問題。反之，如果不重視這種機械生理的本質，很可能就會把精神病患任意判斷成道德有污損或家庭教育失敗，造成錯誤的處理方式，後果就是現代社會層出不窮的污名化精神病患傷人事件。

㈡社會人格心理學的人性向度

　　社會人格心理學的領域中，社會心理學是研究個人的思想、感覺與行為如何受到實際存在或隱含存在的他人之影響的一門科學。其領域由小而大可涵蓋個人的心理歷程、人際互動歷程與團體互動歷程（Taylor, Pevplau, & Sears, 1997）。人格心理學則嘗試理解不同的個體面對相同情境所產生的個別差異現象，嘗試為個別差異找到分類的依據（Pervin, 1993）。

　　如果一個人正在說話，社會心理學者將會注意這些話語隱含什麼態度，這種態度是透過什麼社會影響而造成的。更進一步，會研究這種態度在另一種情境下將會有什麼轉變。如果是人格心理學者，將嘗試把這個人的話語加以歸類：在這樣的環境表達出這些話語的人，應該是偏向哪一種類型，這種人格類型的人通常

會怎麼表達，表達的內容為何。

　　由於社會人格心理學專注研究人與人之間的關係，使它往往可以成為其他社會科學的一個補充解釋；當今台灣研究「中國人的心理」使用社會人格心理方法論，並隱隱有描述傳統中國文化結構的發言權。例如說，在中國的社會處境是以人情交換為重心（黃光國，1996），而在西方的社會處境則是以酬賞計算為重心（Taylor, Pevplau, & Sears, 1997）。因此，在東方社會偏向社會情感取向；在西方社會則偏向工具取向的人際互動模式。

　　透過社會人格心理學可以正確了解人性許多極為特殊的「心理」層次，這種純粹的心理層次知識往往與我們習慣從「理性」、「道德」的判斷不甚相同。例如，進行群眾集會，我們很容易就會認定發生各種脫序行為必定就是參與者的道德責任，意謂著只要個人態度良善，就可以產生完美無缺的理性和平活動。然而從社會人格心理學的立場，群眾集會必定會產生「去個人化」現象，個人再怎麼聖潔、再怎麼理性，也注定會發生去個人化的脫序現象；因此期待和平理性的群眾集會，不是造成對群眾運動的吹毛求疵批判，就是蓄意扭曲事實，謊稱他們的行動是很和平很理性的。無論是哪一種，都會造成錯誤的處理措施而導致真正的訴求目標被扭曲。這些例子說明理解人性「心理層次」的重要性。

㈢臨床心理學的人性向度

　　臨床心理學的中心原則是處理心理適應的相關問題：單純的突發性生活困擾如何因應，是心理輔導的範圍；再嚴重到個人長期的生活困擾已經影響日常生活，是心理諮商進一步協助的範圍；

最嚴重到使人無法進行正常的心理社會功能,則是心理治療的範圍。

如果一個人正在說話,臨床心理學者將會注意他的內容反應出他的心理調適功能如何,偏向負面的內容是單純的判斷還是生活壓力的因應方式。更進一步,他的話語要如何回應才能使他樂於相信你是一個好的協助者,如果發現他真的有心理困擾,則應採用哪種方法解決。

如何成為快樂的人?這類問題傳統上皆從道德與宗教的哲學層次來回答,因此形成許多特殊非理性的價值觀。近代科學發展後,從物質或社會結構去回答此問題,又往往過分理性到無法正視人性現實面。反觀從臨床心理學的研究,既可以不必訴諸特殊價值觀,也可以不必訴諸無意義的物質科學,因此更能確認人性先天無可取代的「心理層次」。

二、人的本質:身(體)、心、靈三元論

由上述對心理學研究的全盤理解,可以發現人性圓滿的體會或理解必須兼顧身、心、靈等三元層次:「身」是肉體,意謂人性的物質生理層面;「心」即是心理,意謂人性可以透過心理學操弄的精神層面;「靈」是靈魂,意謂著人性的獨特存在價值層面。

實驗心理學提供大量「心」、「身」獨立存在的證據:生理心理學指出,人的學習能力與海馬迴(hippocampus)裡的NMDA有關(Carlson, 1998);甚至人格的特性可能與大腦前葉(frontal area）有關，前葉的損傷導致人格的兩極轉變（Carlson, 1998）。至於精神疾病，大多數是器質性精神病，往往輔以適當藥物便可治療；甚至反其道而行，透過藥物誘發精神疾病（Davison & Neale, 1998）。如果人的精神狀態可由自然生物因素產生，當然他的任何行為都沒有道德責任。如今我們能正確的判斷精神分裂症（schizophrenia）患者的發病行為不涉及刑事犯罪，正是將「靈」與「心」兩層次獨立分開的思維模式。

　　社會心理學對態度的研究中，發現人的態度是可以被操弄的；藉由知性上的直接說服是傳統的方法，但是社會心理學卻發現可以使用間接暗示的方法加以說服，例如消費者行為研究中，發現人們消費行為的改變是受到無意識的訊息加以暗示（Moore, 1982）。認知心理學的「隱含性學習」（implicit learning）提供這種暗示現象的實驗心理學基礎，發現人類有能力在意識之前便進行學習（Stadler & Frensch, 1998）。結合兩者審視，顯然透過心理學方法操弄，是可以改變一個人的態度；這意謂著人類的行為思想有很大的一部分是不必負責的，它只是心理操弄下的產物。因此，需要個人負上全責的「靈」與可被心理學方法操弄的「心」，必須獨立分開思考，才能正確理解人性的全貌。

　　排除掉「身」與「心」的成分，每個人都有活在世界上獨一無二的價值，這不只是一個邏輯上的假設前提，也是一個心理實相觀點的事實。隱含性學習的模型可以模擬宗教神秘體驗的致知過程，但無法解釋造成這種知識的外在刺激是「誰給予的」。相同基因的同卵雙胞胎，相同的社會環境，或許兩人會有相同的精神疾病症狀，但彼此的人格仍有一定的差異（Pervin, 1993）。這

都說明心理學研究領域的極限，必須在「靈」的層面加以解說。

因此人的本質存在「身、心、靈」三元結構，這意謂著三者不可相互化約的事實。一個人的靈性圓滿，不一定代表心、身上的成功，例如一個功德圓滿的佛教法師或助人無數的基督教牧師，不見得擁有適當的社會正義態度或健康的身體。心與身的完美，也不一定代表靈性的成功；正如同在台灣很有趣的現象：成功的科學專業人才，卻往往是新興宗教詐財事件的主要受害群。這是身心靈三元論的本質結構，也就是身心靈不可相互化約的最佳例證。

此外，身心靈三元論也意謂三種不同的知識層面：靈的層次之知識不能與身的層次之知識相互批判，身的層次之知識也不能與靈的層次之知識相互批判，例如作為自然科學的演化論，僅只是一個身層次的知識。如果拿來批判屬於靈層次的宗教知識，則意謂把身層次變成宗教信仰的謬誤，也就是把基因生存的物競天擇當成道德指標，那麼種族歧視與生命屠殺全都變成合理的了。同樣的，如果把靈層次的宗教知識拿來批判身層次，意謂著拿宗教詮釋自然科學，非常容易產生中古世紀一元化的地球中心說之謬誤與偏差，同樣不足取。其他靈與心、心與身之關係亦然，這是身心靈三元論的知識結構，也就是靈心身不可相互批判。

三、身心靈三元論的全人教育理念

從身心靈三元論的立場，全人教育是一個正確的教育方向與理念，理由正是因為完整的人都不是任何單一面向的教育方式可

以獲得的。如果我們過分強調靈的教育，後果就是缺乏心與身的正確認識。那麼當一個人精神疾病發作，一個只有靈而無心、身平衡的人性觀，很快就把精神疾病標籤成道德的污點，從而讓病人無法得到合理的對待，這正是台灣社會至今仍然無法正視心理治療機制之必要性的重大危機。

同樣的，如果只重視身，那麼從最嚴謹的動物行為學而論，完全根據「身」的合理行為應該符合所謂「gene thinking」法則，也就是合理的行為必須保障基因的流傳。如此一來，擁有優秀基因的人類就能取代不良基因的人類了，這就是種族歧視與種族屠殺的根源。由此可見，只重視「身」而輕視心、靈的人性觀，一樣存在巨大謬誤。

如果只重視心而忽視身、靈呢？毫無疑問的這會是很快樂的人生。但是，美好的社會往往是許多人放棄個人安樂而奉獻給社會改善的結果，意謂著「個人修行與社會正義不可相互化約」（蘇友瑞，2001）；只重視個人身心安頓的社會必然造成整體社會偏差的腐敗，這說明了只有心而無靈、身平衡的人性觀一樣存在著謬誤。

從小到大以至大學教育的結果，往往讓大學生走向偏差的身心靈相互化約，或相互批判。於是一個學業成功的學生，一遇到感情受挫就立刻以最失控的方式表現，明顯是缺乏心層次知識能力的結果。或者，當大學生遭遇到許多新興宗教給予的身心安頓，就失去靈的判斷能力，誤以為絕佳的身心安頓即是靈層次上的絕對真理，因而成為宗教詐騙事件的受害群。由此觀之，失去身心靈三元平衡的人性理解，很容易就讓大學生成為「專業的菁英、

生活的侏儒」。

　　中原大學著重天、人、物、我的通識教育理念，依據天、人、物、我四個面向規畫通識課程，此一課程設計，正符合身心靈三元論的心理學意義。透過四種不同知識取向的學習，讓學生體驗到身、心、靈三元層次的各種不同面貌，得以發展符合全人教育理念的大學教育。天類通識課程代表靈層次的知識探討，物類課程代表身層次的知識增進，人類課程代表心層次的知識獲取，我類通識課程則接近身、心、靈三元層次的整合與體驗。如此可期待在天人物我的全人教育理念下，大學生可獲得更圓滿的身心靈三元人性觀，進而培養出「尊重自然與人性的尊嚴，追求天人物我間的和諧」的全人。

　　由此理念建構的全人教育，符合中西方的教育思潮。清代學者王國維（清光緒 32 年，1906）在其〈論教育之宗旨〉一文中揭櫫全人教育的觀點：教育之宗旨何在？在使人為完全之人物而已。何謂完全之人物？謂人之能力無不發達而調和是也。人之能力分為內外二者：一曰身體之能力，一曰精神之能力。發達其身體而萎縮其精神，或發達其精神而罷敝其身體，皆非所謂完全者也。完全之人物，精神與身體必不可不為調和之發達。而精神之中又分為三部：知力、感情與意志是也。對此三者而有真善美之理想：真者知力之理想，美者感情之理想，善者意志之理想也。完全之人物不可不備真善美之三德，欲達此理想，於教育之事起。教育之事亦分為三部：智育、德育（即意志）、美育（即情育）是也。

　　全人教育（Holistic Education）著名學者米勒（Ron Miller, 1990）認為，全人教育就是一種全人的世界觀（holistic worldview）。這種全人觀，本質上重「靈性」勝過重「物質性」。廣義來說，全人觀意味著人的「內在品質」，譬如：頭腦、情感、創造力、想像力、憐恤心、好奇心及尊重感，特別是實現自我的期望，這些內在品質對人能真正的達到自我完成與社會和諧互動，都是最基本的要素。這種重視靈性的全人教育觀點，使我們認識到我們的人生是有目標、有方向、有意義的。生而為人，我們的軀體和心靈都是深刻的、緊密的、不可分割的，緊緊「相連」（connected）於「宇宙」、「天」及自身的「社會文化」。

四、結論

　　本文嘗試從心理學的學科分工，歸納出各種心理學隱含的人性完整面貌，從而提出身心靈三元論的認識基礎，成為解釋全人教育意義的心理學基礎。換言之，無法成為整全的人，往往意謂著身心靈三元層次的失衡，從而導致身心靈彼此化約或彼此批判的謬誤。因此，大學教育必須進一步思考並設計兼顧身心靈三元層次平衡之通識課程與內涵，如此更能發揮全人教育的功能。

問題討論

1. 假設我們現在要討論「大學生為什麼喜歡上網？」，寫下你的答案。然後，想一想，你的答案屬於哪一種心理學的研究取向？
2. 試著舉出日常生活中常見的「靈與心相互化約」或「靈與體相

互化約」或「心與身相互化約」的事件，想想看是否造成哪些偏誤或迷思？

3. 試著舉出日常生活中常見的「靈與心相互批判」或「靈與身相互批判」或「心與身相互批判」的事件，想想看是否造成哪些非理性的態度？

4. 試著拿一張紙畫出三個圓圈，分別標上代表靈的圓圈、代表心的圓圈、代表身的圓圈，然後，寫出每個領域中個人的心得或態度。

5. 根據身、心、靈三元論的平衡狀態，如何更深去發展個人的生活體驗？經歷更有內涵的生命意義與價值？

參考文獻

李安德著，若水譯（1992）。超個人心理學。台北：桂冠。

張芬芬（1987）。大學通識教育之理論與實施。淡江學報，25。

黃光國（1996）。人情與面子：中國人的權力遊戲。台北：巨流圖書。

劉秋固（2000）。從近代心理學在全人教育觀念上的缺失看超個人心理學在通識全人教育的方向。研究動態，2。

潘正德（2004）。全人教育理念下的校園福音工作初探——以中原大學為例。中原學報，32（2）。

蘇友瑞（2001）。人的扭曲與再造——心理學的人論。中原大學研討會論文。

Carlson, N. R. (1998). *Physiology of Behavior* (6th ed.). Boston: Allyn & Bacon.

Davison, G. C. & Neale, J. M. (1998). *Abnormal Psychology* (7th ed.). NY: John Wiley & Sons, Inc.

Maslow, A. H. (1954). *Motivation and Personality.* NY: Harper & Row.

Maslow, A. H. (1965). In F. T. Severin (Ed.), *Humanistic Viewpoints in Psychology.* New York, NY: McGraw-Hill.

Miller, R. (1990). *What Are School for?* Antario: Holistic Education Press.

Neves, D.M. & Anderson, J. R. (1981). Knowledge compilation: Mechanisms for the automatization of cognitive skills. In J. R. Anderson

(Ed.), *Cognitive Skills and Their Acquision.* Hillsdale, N. J.: Er-lbaum.

Pervin, L. A. (1993). *Personality: Theory and Research* (6th ed.). NY: John Wiley and Sons, Inc.

Rogers, C. R. (1942). *Counseling and Psychotherapy.* Bosten, MA: Ho-ughton Mifflin.

Stadler, M. A. & Frensch, P. A. (1998). *Handbook of Implicit Learning.* Sage Publications, Inc.

Taylor, S. E., Pevplau, L. A., & Sears., D. O. (1997). *Social Psychology* (9th ed.). New Jersey: Prentice Hall.

教育篇

全人教育
——現代教育思潮與教學原理的具體展現

楊坤原

跑——全人思考之二

在生命的漫漫旅程中，曾經勤奮練習，曾經奮力狂奔；

曾經拚命向前，曾經全心衝刺；

跑技高超，腳步快捷，卻不曉得跑向何方，奔往何地！

迷失啊！迷失——迷失在五光十色的鋼筋水泥叢林間，

曾經汗流浹背，曾經迷惘茫然，曾經環顧張望，曾經苦

苦沈思；橫衝直撞，鼻青臉腫，卻不知道為何勞碌，為

何奔忙！

主啊！在我起步之先，請告訴我：生命的意義，人生的

目標，並且——賜給我力量，勤奮篤定，向著標竿，跨

步奔跑。

　　　　　　　　　　　　　——林治平（1998）

　　　　　　　《QQQQ 的人生——全人理念與現代化》

壹　前言

　　「十年樹木，百年樹人」。人的一生是一個不斷發展與學習
的過程，在此過程中，教育始終扮演著重要的角色。學者指出，
除了藉由學校所實施的訓練以扶植個人自立外，教育可傳遞社會
上流行的思想文化（包括風俗、制度、文物及信仰等），並將由
社會獨具的文化特質與模式所構成的社會標準傳達給每個社會成

員。當然，社會中的各行各業所需的專門知識和技能，都需要靠教與學的過程方可致之（葉至誠，2002）。可見，教育與個人及社會的發達息息相關。

根據聯合國教科文組織（UNESCO）和教育部（1998）的文獻指出，教育的基本內容在提供人類適應社會需要所應進行的基本學習。這些必要的學習包括：1.能因應現代科技社會發展所須具備的解題能力和知識。2.能與人共同合作、處理人際關係的技巧和勇於冒險創新的精神。3.隨著地球村的形成，學習彼此相互了解、和睦相處與尊重多元，以共同面對挑戰。4.使每個人都能認識自己，充分發揮所長，具備較強的自主能力，擔負更多的社會責任（葉至誠，2002）。許多學者也認為，為培養處於此一資訊時代的個人，使之能同時面對當前生活與未來職場的專業需求，學校教育除須幫助學生獲得必備的知識外，尤應特別著重於發展其彈性應用知識於探究和解決生活中的實際問題、批判思考等高層思考技能（higher order thinking）和團隊合作的能力（Duch, Groh, & Allen, 2001; Trop & Sage, 2002）。由這些國內外機構或學者的觀點，可再次反映出教育肩負培養能適應且有貢獻的社會成員之任務。

時至今日，教育的功能與價值依舊，但因所傳遞的內容多偏屬科技萬能的唯物科學主義（materialistic scientism），導致人無形中被局限在實證的框架中，陷入俗世化（secularization）的漩渦裡。雖然教育的功能之一在使接受教育者能滿足社會的需求，但若只知凡事講求證據、崇尚技術功用效率，將專業知能的傳授視為教育的主要目標，如此將會造成人際間的關係逐漸出現物

化（reification）和性化（sexualization），終而抹殺人的尊嚴與價
值，使教育也完全失去其應有的本質與功能（林治平，1996）。
為避免並改善現代社會中的諸多問題，如何找回教育真正的意義，
使教育能塑造名副其實的人才，實為當務之急。有鑑於此一現象
的急迫性與嚴重性，一群中原大學的有志之士於是決心制定「全
人教育」的教育理念，並以之為教育的宗旨，致力於我國的高等
教育，肩負起培養全人的重責大任。

 貳 人的本質與教育的關係

　　人與教育兩者間關係密切。無論在發展或追求成就的過程，
人都須藉教育之助才能實現。教育以人為對象，人從教育中獲致
各項經驗以適應生活，創造文明。這些努力所得的成果又可透過
教育而傳承。基於人與教育間所存有的相互作用，若欲達成各項
教育的目標與價值，當先對人的本質與教育的本質有所認識。

一、人的本質之特性

　　每個人都具有獨特的本質。在諸多決定人的本質之因素中，
包括個人的生理與心理因素與來自先天遺傳與後天的環境因素。
由於這些因素會導致個別差異的現象，故在實施教育之前，應先
對人的本質有所認識。據教育學者（詹棟樑，1999）指出，人的
本質之特性包括：

(一)人的本質具有結構關聯性

　　除一般人所具有的一般性本質外，個人也具有若干獨特本質。人的各種本質之間會發生結構關聯性以產生功能。因人的本質具有整體性，各種本質均產生關聯性的作用，使人的本質成為一和諧的組合。

(二)人的本質之存在範疇

　　人是一種有思想也能行動的有機體，因此對人的認識，須把人當成一個完整的人，從不同的層次與不同的觀點來加以探討。在了解人的本質時，應同時透過客觀的觀察與主觀的體驗，才能深入地加以掌握。

(三)人的本質具有欠缺性

　　此一欠缺性的本質具有雙重意義。因人在本質上存有欠缺之處，於是可促使人設法克服自己的弱點，憑著智慧和努力，以求能超越自然，這將成為促進人類追求成就與進步的一股動力。從另一方面來看，這種欠缺可讓人實際體認到自己能力的限制。而為實現各種理想，人就必須再接再厲以改善自我。

(四)人的本質具可陶冶性

　　人的可陶冶性即所謂的可塑性。因人的本質具有此項特性，於是教育就變得有意義且深具重要性。透過教育可使一個人的本質在各種知能方面變好，在言行舉止上變善。換言之，教育可使

學習者的認知、技能與情意各方面發生改變；教育的功能即在（教導者）以外在的經驗來促使（學習者）內在的心靈發生改變。

二、教育的本質

　　為了求生存，人在其一生的發展過程中就必須不斷學習，以持續獲得知識與經驗。基於此一需要，人類發展的過程必須融入教育。教育者若欲透過適宜的教育方法來促進學習者的發展，實有必要對教育的本質有所知悉。我國對「教育」一詞的解釋，是由「訓誨」（教）與「養成」（育）兩種意義所組成，亦即「成人」與「成器」之意。外國對「教育」的解釋，係源自蘇格拉底（Socrates），而將教育視為「引出」和「教養」，亦即「將人的潛能發展出來」與「使學習者受到完善的教育」。可見，古今中外的學者大都主張，教育的作用應是發展和培養並重，既強調須引出潛能，也著重在培養學習者能成人且有智慧（詹棟樑，1999）。在綜合國內外學者對教育的本質之各樣觀點後，詹棟樑（1999）認為教育具有成己、成人和成事等三項本質。茲將這三項本質概要分述如下：

㈠成己

　　所謂「成己」即成就自己或形成自己，意指接受教育而使自己成為有用的人。從人的本質有「不足」的特性，所以教育絕對有其存在的必要，藉以彌補人的欠缺。因人的不足，故須有教育來協助其生長與發展。雖然人類天生的本能比其他動物來得貧乏，

然也未完全被本能所局限，而有選擇與決定行為的自由。為此，人就必須接受來自教育方面的學習之幫助，以獲取知識和經驗，得到更多的自由。由此可見，教育的本質之一，即在幫助學習者塑造自己。

因人的發展具有階段性，故人的學習也應該如此。很多學習都有其時間性，教育應提供學習的機會，在系統、秩序和原則的基礎上，採行適當的教學策略及方法，以促進人的發展，養成學生主動學習的行為，滿足其需要與促進其學習的興趣與信心。再者，人在社會中生活，常須依其意志對各樣事物做自由的選擇和決定，故教育也須安排和訓練人在面對開放的世界時，能適當的與外界接觸和溝通。由於自我教育（self-education）也是成己的重要途徑，教育也須協助每個人，從性格（character）、素質（diathesis）（指知識、智慧和能力）、氣質（temperament）和人格（personality）等方面著手，使自己成為一個成功並對社會有貢獻的人。

(二)成人

「成人」意謂「教育他人」使其有所「成」，亦即經由教育而使他人成為有用或有理想的人。教育在於成人的前提係因人必須透過教育才能成為人，才能獲得知識與能力以改善其生活，促進社會與國家的進步。依據「教育形成說」（theory of education as formation）的觀點，教育就是依賴外在的陶冶以強化學習者內在的心靈之過程。年長者或教師對年輕者或學生所提供的指導，即可形成一種教育的關係。透過這些指導，學習者便得以有正常

的發展，減少學習過程中錯誤或不必要的摸索。由於教育的作用在陶冶或塑造一個人，而「成人」的意義主要在造就完整的人，使每個人的人格都能有完滿的發展，故教育者應著重在透過教育來引導個人的生活，培養其良好的道德與行為。鑒於現代人在唯物科學主義的衝擊之下，人的尊嚴和價值全因俗世化（secularization）的限制而漸被抹殺之際（林治平，1996，1998），教育具有「成人」的本質之意義與重要性，尤應受到現代教育原理與學者的強調。

　　許多教育的方式可有效地達到「成人」的作用。由於學習者處於各種生活環境之中，因此，他們須由學校、教育機構或團體所安排之涵蓋各種特定課題的活動之學習，從中獲取適應多元化的社會生活之經驗。教育係為幫助學習者從事各種學習。為此，教學者應秉持耐心與堅持，發揮教育的力量，直至教學目標的達成。

㈢成事

　　簡言之，「成事」是以教育的力量來促使人成就事業。無論所完成的事是為自己或他人，人都希望自己能有所成就。為追求成就，人除了靠先天的本能外，尚須具備後天所習得的才能方可致之。是故，教育除了在「成人」之外，也須培養一個能解決問題而有所作為的人，以因應科技社會的生活所需，並能改善社會。換言之，教育除了有文化陶冶的作用外，也要兼具專業能力陶冶的功能。基於此一需要，教育者應具有教學的能力，講求有效的方法，以培育足以在各行各業中「成事」的學習者。

　　為了使學生日後能發揮所長，教育應養成學生的一般性能力，更應激發個別學生潛藏之特殊能力，如此方能使其既懂得待人接物，又能學以致用以成就事業。在教育與「成事」的關係上，教育機會的提供可使學生在要求之下，同時享有教育的權利（如教育的服務與幫助、教育資源的享有等）。教育者在施教時除要有和藹的態度、愛心與耐心外，也要不斷充實教育專業知能，以符應教導學生的需要。相對而言，學生在學習時也須努力不懈以追求成就。

　　人開始過共同生活後，社會組織的形態亦應運而生。生活於這個社會組織中的人為滿足生活的各類需要，他們就需要學習如何與人相處和謀生之道。此時，人群中就要有人出來執行教育活動。教育有助於獲得許多解決問題所需要的經驗，為完成未來生活而準備，使人不斷提升自我。若組成社會的每個成員都因受教育而擁有良好的品德與能力，並改正來自社會生活中的負面影響，則教育也就成為創造美好社會的力量。人有超越現況的本質，不斷地追求事物的意義和成就，這種追求就是個人與社會進步的根源。教育不但可促進個人與社會的發展，不斷精緻每個人的經驗，亦可使人類的文化得以傳承，造就人類各方面的進步。人因接受教育而養成各種能力，憑藉這些能力可學習和接受各種文化和知識以改善社會。社會則以其組織的力量，提供每個人各種接受教育的機會以適應生活。這種人、社會與生活的循環性與相互依存，正可顯示人與教育之間的動態關聯。

中原大學「全人教育」理念與含義

在國內各大學中，中原大學可說是第一所提出以「全人教育」（holistic education）作為教育理念與宗旨的大學。從「全人教育」理念發展的過程與內涵，可以看出該理念不僅展現出中原大學創校的歷史經驗，亦為一符合人的本質與教育本質，並具體落實現代教育思潮與教學原理的教育理想。為深入了解「全人教育」的內涵與應用，茲將「全人教育」在中原大學的發展及其在教育上的意義，分段介紹如下：

一、中原大學「全人教育」理念的發展簡史

中原大學自創校以來，本基督之精神，於歷任校長與全體懷抱基督愛世之忱、致力我國高等教育的同仁之努力下，兢兢業業，為我國大學教育理念的建立與推展貢獻頗多心力。在歷經「教育宗旨及教育理念」制定小組多方蒐集資料、召開會議而形成共識後，前校長尹士豪博士在一九八九年十月十一日，正式簽署公布「中原大學教育宗旨及教育理念」（表一），作為全校師生一致遵行的最高指導方針。在一九九五年中原大學創校四十周年校慶時，更進而提出「中原四十，邁向全人」之目標，確定以全人教育作為中原人未來奔赴之共同方向。這一份吸收東西教育理念之精華，由中原大學創校的歷史經驗中發展形成的教育宗旨與理念，

實為中原大學的心靈憲法，亦即中原大學全人教育理念之根源所在（王晃三，1992；林治平，1996）。

表一　中原大學之教育宗旨和教育理念

中原大學之教育宗旨：

中原大學之創辦，本基督愛世之忱，以信、以望、以愛，致力於中國之高等教育，旨在追求真知力行，以傳承文化，服務人類。

中原大學之教育理念：

• 我們尊重自然與人性的尊嚴，尋求天人物我間的和諧，以智慧慎用科技與人文的專業知識，造福人群。

• 我們了解人人各承不同之稟賦，其性格、能力與環境各異，故充分發揮個人潛力就是成功。

• 我們認為教育不僅是探索知識和技能的途徑，也是塑造人格、追尋自我生命意義的過程。

• 我們確信「愛」是教育的主導力量，願以身教言教的方式，互愛互敬的態度，師生共同追求成長。

• 我們尊重學術自由與自主，並相信知識使人明理，明理使人自由。

• 我們相信踐履篤實的教育方式是尋求真知的途徑。

　　我們深以虔敬上主、摯愛國家、敬業樂群、崇尚簡樸的傳統校風為榮。

二、「全人教育」的內涵及其在教育上的意義

　　迄今為止，國內外曾述及「全人教育」一詞的文獻並不多見。林治平（1996）指出「全人」與「完人」（complete man）所追求

的內容並不相同，亦非指完美之人的意義，而是以知識論中的「整體主義」（holism）來解釋「全人教育」較為允當，擷取 "holistic" 中 "holo"：「把可看見的各部分合在一起，加上一些看不見但卻確實存在的一些什麼，合併在一起」的意義。由此引伸之意可知，對「人」的認識或了解，實須將其視為一大於其各個可見之部分之總和的單位來加以研究，始能對「人」有真正、完整和全面的了解。

中原大學前校長張光正（1996）曾提出「四平衡」來詮釋全人教育，明白指出中原大學「全人教育」的實踐精神，在於「尊重自然與人性尊嚴，追求天人物我間的和諧」。而所謂的「四平衡」的教育執行概念則包括「專業與通識的平衡」、「人格與學習的平衡」、「個體與群體的平衡」和「身、心、靈的平衡」四方面（表二）。由於整體主義主張任何一個命題、定律或理論，都必須將之置於整個信念網（web of beliefs）中，方能判斷其真偽。因此，林治平（1996，1998）認為全人教育就是將「人」放在人的信念網絡中，以便了解和認識「人」的一種教育主張。據此，他以「人」為中心，將人與神（神學）、人（社會）、物（科技）和己（人文）等四種關係作為半徑，畫出一個圓，藉以勾勒出全人教育的具體意義與範疇（圖一），並依此圖加以申述，指出全人教育是把人放在人與超自然（神或上帝）、人與他人、人與自我、人與物質的信念網中去求取這四種關係獲得平衡發展，因而使人能得到圓融、幸福、美滿的一種教育主張。就人與超自然的關係而言，因人類渴求「永恆」，追求真善美的人生，為滿足此一要求，人實須具備信仰、體驗和認識超自然的本體──創

表二　中原大學全人教育「四平衡」的教育執行概念與內涵*

1.專業與通識的平衡

專業是蘊含執行之能力，通識是塑造包容的器識。面對未來多元詭譎的環境，專業與通識必須平衡，才能建構宏觀的架構，發揮綜效。

大學生不能只有對專業知識的垂直鑽研，還須有多元寬博的水平見聞。這樣方能在和人溝通時，迅速有效產生共鳴，進入不同的理想領域，了悟不同的生命經驗，增進知識，調協人生。

2.人格與學習的平衡

專業學術之教育雖然重要，但人格之塑造亦同樣重要，因為，人格的偏頗，往往造成不安，輕則溝通困難，甚者成為社會的亂源。

如何除卻一己之見，從多角度、不同立場去思考、溝通，是中原的教育所要求的。在團隊運作為作業主導的世代裡，我們希望中原的學生能以健全人格為經，豐富學習為緯，經緯棉織，形成競爭優勢的脈絡。

3.個體與群體的平衡

在「團隊學習」的世界性潮流下，個體與群體互動的關係益形重要。因此，個體與群體之間的平衡，實為今日教育者必須關注之主體，因為唯有經過良好的群體互動，學習才能更加順暢、更有效率。

在此原則下，本校之教育除學理知識之灌輸外，尤重服務回饋襟懷之培養，除鼓勵輔導學生加入社團，學習互動，增進領導能力外，亦極力參與社區、關懷社區環境；開放校園，與鄰居共享學校資源，形成校園文化，共享成功美果。

4.身、心、靈的平衡

身、心、靈的平衡是「全人教育」的基本概念，因此本校有設備完善之體育館、運動場、溫水游泳池，運動競賽風氣高昂；亦有超乎一般大學院校之醫療保健設備；並有最佳的心理諮詢團隊，開放為全校師生提供即時的心理諮詢服務；尤有進者，本校設有校牧室，關懷全校師生對終極意義的追尋與滿足，協助本校師生獲致靈魂永生的平安，提供真正的全人教育。

* 引自張光正（1996）。

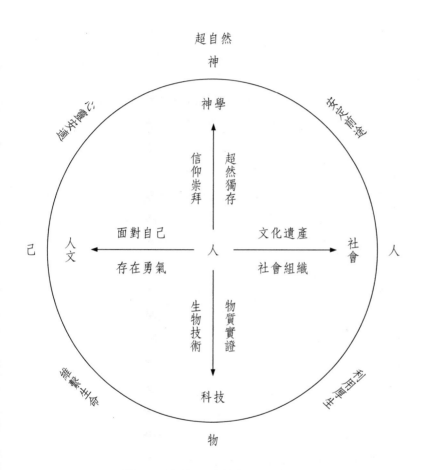

圖一　美滿圓融的人生示意圖

造並掌管宇宙的神，方能獲得個人心靈的安適與社會的穩定發展。
人與他人之間必然發生各種互動與關聯，為與他人和睦相處，每
個人均須適當協調其本能衝動與生物習性，以發展積極正向之人

與人的關係。在人與己的關係上,一個人必須具備面對自己的有限與無能之勇氣,如此方能發揮潛力,竭力完成個人存在的意義。在人與物的關係上,人處於主動的地位,利用各種物質與技術來改善生活的環境,促進全體人類的福祉。故物是被人所用以達到成就生命終極目標的工具。在此圓中,人居於圓心的位置,由圓心到圓周間的等距性,代表四種關係同等重要。這些關係若從學科領域的層面來看,涵蓋神學、哲學、社會科學、科技、生物科學與人文科學的統整。可見,全人教育也是科際整合的一種教育主張(林治平,1996,1998)。黃孝光(1996)也持相同的見解,認為大學應在培養完整的人,並從天、人、物、我四個面向來加以說明。整體而言,全人教育是以人為核心,其目的在培養一個整全的人,並藉由科際整合的研究來了解人、認識人並找到人。培育「全人」可視為「成人化」的教育本質與過程之終極目標(林治平,1996,1998;胡夢鯨,1989)。

教育部(2001)在《大學教育政策白皮書》所列舉的大學教育理念中,提及大學應「追求卓越、提升品質」一項,其內涵除明述大學成員以追求知識與研究學術為職志外,也指出大學教育要有崇高理想的色彩,不但要追求創造性的學問,也要培育完美的人格,「亦即培養一種擁有人文素養、有品德、有品味、有品質的人,能享受生命,過有意義的生活」。美國著名的教育學者加德納(H. Gardner)也指出,教育的內涵除認知領域外,還應包括動機、情感、社會與道德實踐以及價值觀等。如果一個人無法將這些層面融入日常生活,則教育就形同虛設,反而可能製造出反人性的社會成員(Gardner, 1999)。由此可明白看出,大學教

育並非一味地製造社會需要的專業人員，更是要以造就學養均備、品學兼優的健全國民為宗旨。由此觀之，中原大學的教育宗旨和理念與教育部所提出者完全吻合，不但顯示出全人教育理念的適切性、全面性和前瞻性，且可作為我國大學教育共同的教育目標。

 ## 現代教育思潮的主流

　　在現代教育思潮當中，較受教育學者重視且影響現今之教育較為顯著的教育思潮，包括人文主義（humanism）、實用主義（pragmatism）、以科學為中心的教育論點和民本（主）主義（democracy）等（徐宗林，2002）。從各思潮的內容及其所主張的教育理想，可以反映出全人教育的內涵不僅融合現代教育思潮中的重要精神，更有其符合當前環境需求的獨特之處。茲綜合各文獻的論述（高廣孚，1988；徐宗林，2002），將上述各教育思潮整理說明如下：

一、人文主義的重要論點與教育主張

　　人文主義是十四至十六世紀中常見的教育哲學，起於反對中古世紀神本思想，從人和宇宙的相互關係來強調人的尊嚴和價值，可說是文藝復興運動的一部分。各時代的人文主義之發展，受到自然主義、唯物主義、唯智主義與科學主義等思想的衝擊，在反省這些觀點的偏失後，人文主義者因而反對物質的優先性，高舉

以人為中心的思想核心。人文主義的重要論點可歸納為如下幾點（徐宗林，2002）：

1. 重視人的尊嚴、自由與發展潛力。人不僅具有自主性和自由性，也是具有理性的動物，可自由地做出最好的選擇並決定自己的未來。此外，人有天生的稟賦和能力，具備多樣性的發展潛力，應予以充分發揮潛力的機會。人文主義者主張應「回到古代」（return to antiquity），亦即找回古希臘、羅馬人所具備的理性、自信與自由的能力。

2. 形成一種人文自然觀，重視人在自然中的地位，認為人是自然的一部分，人的需求與感覺無法與自然完全分離。人應在世俗的生活中，追求人生的樂趣，無須受到宗教教條的束縛。

3. 肯定人的價值，是一種強調人本、人道、以人類文化為中心的思想體系，反對他律的教權，不接受以權威的方式來抑制個人的行為。

4. 視個人是一個實體，舉凡物質的、感覺的活動，都得以個體的感受與評價為基礎。人文主義者始終秉持人的理性，追求人性的盡善盡美，深信人性的完美可經由個人不斷的努力及文化陶冶而成。

人文主義的教育，強調人文知識的薰陶，注重完美人格的養成，主張教育應培養身心均衡、兼具理性與感性、富有人性、肯負責、願接納他人並參與社會生活的人。每個人都應關切當今的社會、經濟、政治、環境與道德等各方面的事務，並藉由各項活

動，帶動社會的進步。教育的任務尤其要能延續社會文化的傳承與發揚。透過與社會環境的交互作用，教育將有助於開展個人的稟賦，促進個人的自我實現（self-actualization）。可見，人文主義的教育價值包含其以人為中心的教育觀，注重五育並重的教育，強調情意的教育價值，追求真誠的自我實現等（徐宗林，2002）。

二、實用主義的重要論點與教育主張

　　實用主義的思想淵源主要包括英國的經驗主義（empiricism）、功利主義（utilitarianism）、工具主義（instrumentalism）、達爾文（C. R. Darwin）的演化論、唯實論（又稱實在主義）（realism）、自然主義的人文主義（naturalistic humanism）、傳統哲學的多元論思想和淑世主義（meliorism）等。基本上，實用主義相信人類心智是以積極、主動和探究的成分為主，透過心智的運思，學習者可形成其對外在世界各項事物的認知（高廣孚，1988；徐宗林，2002；詹棟樑，1995）。

　　有些學者將實用主義的教育視為以兒童（學習者）為中心的教育。以兒童為中心的思想發軔於十八世紀的自然主義思想，復因十九世紀後期與二十世紀初期之心理學和兒童研究的發展，而受到更多學者的重視。自二十世紀初期至一九五〇年代，以兒童為中心的教育開始盛行於美國與歐洲，號稱「進步教育運動」（progressive education movement）。這項運動結合美國學者杜威（John Dewey）的哲學觀，提出教育應著重創造與目的性，重視學生的實際生活活動及學校與社會間的密切關聯（高廣孚，1988；

徐宗林，2002）。進步主義教育的哲學思想，受到十九世紀達爾文進化論所強調之「生物的生命在展現永不休止的變異」的論點影響，採經驗論的觀點，認為知識的產生與形成是起於經驗的認知活動，學習者須不斷與周遭的物質環境發生交互作用，並運用其感覺知覺與心智能力來產生經驗，以維持生存。進步主義提倡「知識即工具」的知識觀，主張知識的價值在於能用以解決環境中的各類問題，知識既可作為獲取新知的工具，也是用以解決問題的利器。而知識是經由系統化的求知方法獲得，是經驗與邏輯性活動的結果。猶如人文主義對人的重視，進步主義也崇尚個人自由和獨立思考，強調每個人均有其自由意志與選擇的能力，而因個人都可運用智慧認識到事物間的關係與意義，故均可視為一個能進行獨立思考的個體。透過與他人共同合作與互動，學習者能不斷改造及解釋自己的經驗，使之不但能適應社會的需要，亦可達成自己的希望（高廣孚，1988；徐宗林，2002）。

具有教育性的經驗（an experience）是實用主義巨擘杜威的哲學與教育思想之核心。依杜威的觀點，經驗發生於世界中，是由學習者及其周遭環境中的事物、情境和事件間不斷互動和參與所組成。教育的中心目標是幫助學生使其生活中充滿有價值的經驗。經驗是一種思考和意義的行動，在解決一個問題時，對解題結果的預期可驅使和維持此一解題經驗的發展。學習者若能了解其所遭遇的問題，與其處理該問題之過程有何關聯，則解題行為與其所處理的問題就會產生意義。知識是解題的工具，知識的獲得與周遭事物和環境密切相關。若以先前經驗作為解決新問題的基礎，則由解題之成敗，學習者便可以之作為改進先前經驗的依據，促

進經驗與知識的更新，此即杜威所謂「經驗即實驗」（experience is experimentation）（高廣孚，2000；徐宗林，2002；詹棟樑，1995）。

　　實用主義的教育思想強調以「歷程」（process）來說明教育的意義和本質，認為教育是指導兒童和青年以其過去的經驗為基礎、以現在的生活為內容和以未來的生活為方向之繼續生長和發展的歷程（高廣孚，1988）。杜威認為實用主義取向的教學重在思考的訓練，不但要傳授知識和經驗，更要使學習者經歷科學的方法。教育者應讓學習者有機會主動利用先前經驗來解決問題或適應環境，並藉以增加知識。教育須讓學生涉入感到興趣的真實問題情境中來處理問題、刺激思考、提出解答與應用，方能激發或喚起（evoke）其教育性的經驗（高廣孚，2000；Wong et al., 2001）。教育的目標不只在使學生了解概念，還要能透過想法來經驗世界。學校的任務在提供學生組織和轉化（transform）經驗的機會。一個真正的探究活動本身必須能連結活動的各個部分，並推動其進行。學習者須利用其具學科內容的想法來激發行動，以創造有價值的經驗，唯有行動才能使想法具有意義和價值。重視「由想法激發行動」才是杜威所謂「以學生為中心」的學習（高廣孚，2000；Wong et al., 2001）。綜言之，實用主義的教育論點，可概述如下（高廣孚，2000；徐宗林，2002；詹棟樑，1995）：

　　1. 教育即生長，兒童所具之自然稟賦就是其成長的潛能，這種成長須伴隨著教育，使兒童在成人或教育者的協助下，能將潛能逐一加以開展。

2. 注重個別的教育，視每個學習者均為獨立的個體，重視學習者個人的興趣、能力與需要。教育是一種使學習者得以積極、主動參與的活動。

3. 學習應透過問題解決的方式來進行，讓學習者能自由學習與發現，從學習活動中獲得對實際生活有所幫助的直接經驗。教育須利用環境中的事物為題材，藉以增進學習者的感官知覺，促進新舊經驗的整合。

4. 教育具有促進社會的功能。經由教育活動，個人才能具備社會生活所需的態度、信念與知能。營社會生活的個人須與其他人共同參與活動，彼此交換生活經驗，社會才得以進展。

三、以科學為中心的教育論點及其主張

自文藝復興之後，西歐又逐漸恢復對古希臘和羅馬的學識之重視，使得科學知識的探究日益興盛。由於自然科學知識的累積與社會大眾對科學知識之價值的關注，在科學和技術益獲人們重視的情形下，終使科學成為教育的主題，形成以科學為中心的教育思想（徐宗林，2002）。

在以科學為中心的影響下，產生唯實論（實在論）的教育思想。唯實論重視以自然世界中的規律來決定教育的規則，主張應將自然科學的研究納入學校的課程之中。教育的內容除知識外，應兼重實用性，符合現實社會生活之所需。由於受到自然科學研究方法的影響，以科學為中心的教育思想促使教育者應用心理學

的研究為基礎來實施教學，改進教學方法，並使教育測驗逐漸受到教育界所看重（徐宗林，2002；詹棟樑，1995）。

以科學為中心的教育思潮所主張之教育目的包括：

1. 因科學知識係滿足生存必備的條件，故教育應幫助學習者獲得科學知識。

2. 科學知識有助於解決生存的問題，具有其實用性。教育應為學習者能過完滿的生活做預備。

3. 透過科學的求知活動來強化學習者的觀察、推理、思考與分析等之能力，藉以陶冶其心智。

4. 教育應能幫助學習者鍛鍊強健的體魄，養成良好的品格。

四、民本（主）主義的重要論點與教育主張

良好的民主政治制度是社會進步所獲致的結果。民主政治制度的建立與實踐，實繫於經濟的安定、健全的社會團體或結構、領導的角色與教育所發揮的功能。由於教育可提供青少年類似的政治活動經驗，建立民主政治的意識，培養學生具有獨立思考、理性判斷和充分表達意見等，處於民主社會所必備的條件，可見，教育的確可視為民主政治制度與社會的重要基石（徐宗林，2002）。

民本主義教育的哲學思想深受杜威的實用（驗）主義所影響，其主要觀點有二。其一在闡述社會的延續有賴於教育。在社會化的過程中，未成熟的社會成員可經由教育而獲得生活的經驗、態度與知能，如此，教育不但可提供凝聚社會成員所需之共同的社

會生活經驗，亦可傳遞社會的遺產，維繫社會的生存與發展。另一觀點在論述經驗與教育的關係。杜威認為人與環境二者不斷地進行雙向的互動，經驗於焉產生。經驗具有成長、應用和持續等特性，而教育即在促使經驗發生重組或改造，以豐富每個人的經驗之內涵和日後駕馭經驗的能力。這種經驗可繼續成長的說法，使杜威將教育活動的重心置於和現實生活經驗相關聯的活動上，與過去只重視教育內容而忽略教育與現實生活之相關性的觀點大異其趣（徐宗林，2002）。依杜威在其《民主主義與教育》（*Democracy and Education*）中提及，就教育的狹義觀點而論，學校教育的目的就是透過確保成長的力量，讓教育得以繼續，使受教者能從生活中獲得學習，使生活的環境成為學習的歷程。廣義而言，教育則是社會生活的繼續（徐宗林，2002；Dewey, 1916）。據此，教育應與民主社會的生活經驗持續交互作用，成為民主社會生活歷程的一部分，而教育的歷程即在提供個體能於民主社會生活經驗的歷程中，有更多經驗的成長與重組之機會（徐宗林，2002；Dewey, 1916）。

　　民本主義主張，教育內容必須與社會環境相符合，教育者應設計適切的教育環境，提供學習者所須接受的刺激，並指導學習者的學習過程。由於科學知識和人文知識均為現代社會之所需，故二者應予同等重視，唯有合乎人性的知識，才是教育所要傳授的知識。總括而言，民本主義倡導的教育目的，有以下各項（徐宗林，2002）：

　　1. 教育應在繼續民主社會的生活經驗之成長、重組和改造。

　　2. 民本主義的教育須培養具有獨立思考、批判能力和積極參

與民主社會生活的個體。

3.教育應使民主社會的意義更為彰顯，使民主生活的經驗更創新。

4.教育要讓生活於民主社會中的人，成為一個自尊、自主和自由的個體，使之既能忠於工作，又願意獻身於民主、與人合作，樂於分享其生活經驗。

　　回顧中原大學的教育宗旨與理念（表一），再將之與上述四派現代教育思潮的論點與教育主張相互對應，不難發現，中原大學的教育理念中述及「尊重自然與人性的尊嚴……以智慧慎用科技與人文的專業知識，造福人群」、「人人各承不同之稟賦，性格、能力與環境各異，故充分發揮個人潛力就是成功」、「教育不僅是探索知識和技能的途徑，也是塑造人格、追尋自我生命意義的過程」、「尊重學術自由與自主」、「以身教言教方式，互愛互敬的態度，師生共同追求成長」和「相信踐履篤實的教育方式是追求真知的途徑」等項，其精神不僅已涵蓋教育所具備之成人（使人獲得知識與能力，成為有用的人，以改善生活，促進社會與國家的進步）、成事（兼具文化與專業能力的陶冶）與成己（協助每個人的成長和發展）的本質，同時也展現人文主義思潮所強調之以人為中心的教育觀，尊重人的價值、自由和尊嚴，開展個人的稟賦，促進個人的自我實現，培養身心均衡、兼具理性和感性且富人性的人等主張。再者，實用主義所提倡之以學習者為中心，以知識作為解決問題、改善社會的工具，發展學習者的自然稟賦，注重個人的興趣與能力，重視學校與社會的相互關係

等觀點,亦隱含於教育理念中。此外,以科學為中心重視科學知識的實用性,採科學方法和實作探究求取知識的教育論點,和民本主義培養自尊、自主的個體,願意忠於自己的工作、與人分享並參與社會與其他公共事務的民主社會生活個體之教育目標,也都有不謀而合之處。然而,各派思潮或見解雖均有其獨到之處,但畢竟都是哲學家之言,難以全面顧及人的各個面向,尤其對人生意義與價值的終極目標之追求,無法提供一個完整的答案。在中原大學的教育理念中,特具「虔敬上主」一項,而在全人教育的執行概念與內涵(表二)處也提到「身、心、靈的平衡」之追求。此一理念超越了上述各派教育思潮的局限,深入觸及與人關係最密切的問題,唯有如此才能真正符合人類的全部需要,才算是美滿圓融之「全人」教育。

 現代教學原理的主要觀點

　　如上所述,教育同時含有「成己」、「成人」與「成事」三項特質。為符合人類的發展階段,學校的教學須採適當的教學策略,在人類認知發展的基礎上,採系統的方法,提升學習者的學習動機,培養其主動學習的態度,進而習得問題解決的能力,以符應現代生活之需。在分析與比較當前國內外各學者或教育機構所主張之各級教育的教育目標後,可以發現,除了品格的養成外,為幫助學生面對生活與職場的專業需求,各國幾乎都一致強調,學校教育須發展學習者彈性應用專業知能於探究、解決問題、批

判思考等高層思考技能（higher order thinking skills）和團隊合作的能力（教育部，2000；Trop & Sage, 2002）。這些教學目標的形成，表面上雖係反映社會現況對教育的要求，其背後實亦有教學原理加以支持，主要包括認知建構主義（cognitive constructivism）、社會建構主義（social constructivism）與合作學習（cooperative learning）理論。

一、認知建構主義與社會建構主義

　　學習者在教室中的學習，涉及個人的主動建構並經由與所處環境中其他資源的互動之社會建構兩個層面（Tobin & Tippins, 1993）。根據皮亞傑（J. Piaget）的認知理論，知識是由學習者以基模（schema）為基礎，不斷地透過同化（assimilation）與調整（accommodation）的認知歷程，主動建構而成。皮亞傑指出，認知是一種適應的功能，認知的作用不在產生一個與真實世界完全相符（match）的實體，而是在增進學習者對自己建構的經驗之了解與處理。每個學習者只要衡量新舊經驗間的合適（fit）程度，便可決定是否採取各種因應步驟，使認知結構得以經由平衡作用（equilibration）而不斷發展。為此，教師在教學情境中可多安排導致學生產生認知衝突（cognitive conflicts）的機會，以利學生能重建其認知結構，增進主動建構的經驗（von Glasersfeld, 1989）。

　　除了進行個人內在的認知建構，學習環境中的人、事、物等社會層面也會對之發生影響。維谷斯基（L. S. Vygotsky）指出，

人類心智能力的發展是社會互動與社會經驗的結果。學習者從簡單的心智功能轉化到能表現抽象思考、邏輯推理和自律（self-regulation）等高層心理歷程，都是利用語言與文化中其他人進行溝通、分享等社會性交互作用，再由此互動所習得的訊息來進行思考與學習。因此，學習環境中的文化不僅提供學習者發生學習的環境，社會中由人、事、物交織而成的結構對學習者心理功能的結構，具有決定性的作用（Vygotsky, 1978）。此一社會建構的觀點實已反映出學習社群（learning community）、情境學習、合作學習等在學習上的必要性。

　　無論是杜威對問題解決的教與學的重視、皮亞傑強調以認知衝突來驅使平衡作用的歷程，和維谷斯基等學者主張由社會性交互作用來詮釋個人學習與認知，其背後均凸顯出個人建構與社會建構的教育意義（Savery & Duffy, 1995）。辛格等學者（Singer, Marx, Krajcik, & Chambers, 2000）指出，社會建構論之課程設計須包含主動建構、情境認知、社群和對話等四項特徵。一些學者也主張，符合建構主義原則的教學應融入分工合作、個人自主性、生產性、反省性、主動參與、與個人發生關聯和多元性的價值觀，將學習活動定錨於一個較大的真實性任務或問題中，透過認知教練與設計學習環境來挑戰學生的思考，支持學習者發展問題並具有主動探究的主權，使學生能應用多種方式來處理問題，鼓勵分工合作和相互評鑑，透過新舊知識的連結來建構意義，並能在學習之後對各種可能的結果進行檢測與反省（Brooks & Brooks, 1993; Savery & Duffy, 1995）。

二、合作學習理論

所謂「合作學習」是一種透過小組分組，以增進個人與小組其他成員學習成效的學習和教學方法，可用於學科內容的教學，強化學習的認知過程，提升學生的學業成就（Johnson, Johnson, & Holubec, 1994）。依斯拉芬（Slavin, 1995）的觀點，合作學習是一種有結構、有系統的教學策略，教師在實施合作學習時，須將不同能力、性別等背景不同的學生，以四至六人組成一個異質性的小組，共同學習新知和分享經驗，一起接受合作後所獲得的成果與獎賞。

綜合各文獻所列（簡妙娟，2003；Johnson & Johnson, 1989），合作學習的理論基礎包括：*1.*民主教育理論——認為合作不僅是民主社會所需，亦為學生內在動機的來源。杜威曾倡言在民主社會中，學校應鼓勵學生在團體中一起學習，以了解與學習參與民主歷程的技能，即與合作學習有密切關係。*2.*社會互賴理論（social interdependence theory）——強調社會依賴的組織方式決定人際間的互動及其結果。因此，團體成員雖有差異性，但藉由各成員間積極的參與及互動，仍可造就小組的成功。*3.*認知發展理論——與合作學習相關的認知理論係維谷斯基（Vygotsky, 1978）的社會建構論與訊息處理理論所主張之訊息精緻化的論點。依據這些說法，學生可透過彼此互動、討論與反省來學習知識。而當學習者能將所習得的訊息加以精緻化時，便能產生新舊知識的連結，促進知識的保留。*4.*動機理論——依斯拉芬（Slavin, 1995）

的見解，合作學習兼重個人的績效責任與小組獎勵的作法，不但可使每位學生都須為小組而盡心竭力，小組獎勵也可作為小組成員共同完成目標的誘因。除合作的目標可營造個人與小組間休戚關聯、榮辱與共的情境外，為獲得獎勵所進行的努力學習，也可增強小組成員的學習動機，提升學習成就。許多研究顯示，合作學習不但可普遍應用於各年級學生和學科，且對於學習成就、學習效果的保留、學習動機、學習態度、人際關係、社會技能等認知、技能和情意教育領域，均有正向促進的效果（Johnson et al., 1994; Slavin, 1995）。

　　無論是認知建構論或社會建構論均一致強調學習者本身的主動性，而社會建構論更指出社會成員間的各種互動關係，也是影響教學與學習結果的決定因素。知識或技能的習得是學習者依其先備的知識和經驗為基礎，透過與社會其他個體或社群（community）的交互作用主動建構之產物。在各樣的社會互動方式中，合作學習是頗獲當前教育界所支持之最適切、有效的教與學的方法，其功能不僅可增進個人的學習成就，亦可對學習的動機與態度、人際相處的關係與社會互動技能等有所助益。從教學原理的層面觀之，中原大學強調「追求天人物我間的平衡」、「人人各承不同之稟賦，其性格、能力與環境各異……充分發揮個人潛力就是成功」、「教育是探索知識和技能的途徑」、「互愛互敬的態度，師生共同追求成長」、「踐履篤實的教育方式是追求真知的途徑」與「摯愛國家、敬業樂群」等理念，都符合認知建構論、社會建構論與合作學習的實質精神。由此再次彰顯出全人教育足以反映現代教學的實質意義。

陸　結語

　　教育是百年大計，關乎個人與國家社會的盛衰。教育是推動人類歷史與文明發展的主要力量，有其無可取代的地位與價值。人是一個有思考且具行動力的有機體，因人的本質中具有不完整與可陶冶的特性，故需要透過教育來促進人的發展。教育含有成己、成人和成事三種本質，透過教育的實施，每個人均得以開展其潛能，成就屬於自己且有益於社會的事業。

　　為了達成教育的目標，培養一個健全、完整的現代人，中原大學提出「全人教育」作為教育宗旨與理念，從天、人、物、我四個層面提出「四平衡」作為全人教育的具體執行概念。此一教育理念不僅具備人與教育的本質，更能具體展現人文主義、實用主義、以科學為中心和民本主義等現代教育思潮之重要論點和教育主張，以及建構主義、合作學習等當前教學原理的主要觀點，同時也與國內外大學教育的理念和目標相契合，可說是一個具有時代性和完整性的教育藍圖與理想，頗值各級學校參考實施之。

問題討論

1. 請從人的特性與教育的本質來討論大學教育的宗旨、理念與目標。

2. 中原大學的「全人教育」的內涵與重要性為何？如何以現代教育思潮與教學原理來詮釋「全人教育」的意義？

3. 你認為一所大學的教育宗旨與目標應涵蓋哪些層面？你希望自己在接受大學教育之後成為一個什麼樣的人？

參考文獻

王晃三（1992）。中原大學理念之制定、內涵與實踐。載於林治平主編中國基督教大學論文集。台北：宇宙光。

林治平（1996）。中原大學實施全人教育之理念與實踐之研究。載於林治平主編全人教育國際學術研討會論文集。台北：市立圖書館。

林治平（1998）。QQQQ 的人生——全人理念與現代化。台北：宇宙光。

胡夢鯨（1989）。全人教育理念下的大學通識教育改革芻議。淡江學報，27。

徐宗林（2002）。現代教育思潮（第二版）。台北：五南圖書。

高廣孚（1988）。實用主義的教育思潮。載於中國教育學會主編現代教育思潮。台北：師大書苑。

高廣孚（2000）。杜威教育思想（第三版）。台北：水牛。

張光正（1996）。全人教育四平衡的理念。發表於中原大學全人教育展。中壢：中原大學（4 月 19 至 20 日）。

教育部（1998）。邁向學習社會。台北：教育部。

教育部（2000）。國民中小學九年一貫課程暫行綱要。台北：教育部。

教育部（2001）。大學教育政策白皮書。台北：教育部。

黃孝光（1996）。聖經中的全人觀——從文化的角度看創世記頭四章。載於林治平主編全人教育國際學術研討會論文集。台

北：市立圖書館。

葉至誠（2002）。高等教育發展的策略與願景。台北：揚智文化。

詹棟樑（1995）。現代教育思潮。台北：五南圖書。

詹棟樑（1999）。教育原理。台北：五南圖書。

杜威（J. Dewey）著，賈馥茗譯（1995）。民主主義與教育
（*Democracy and Education*）。台北：五南圖書。

加德納（H. Gardner）著，魯燕萍譯（2000）。學習的紀律：所有
學習中的人都應該知道的事（*The Disciplined Mind: What All
Students Should Understood*）。台北：台灣商務印書館。

簡妙娟（2003）。合作學習理論與教學應用。載於張新仁主編學
習與教學新趨勢。台北：心理。

Brooks, J. G. & Brooks, M. G. (1993). *In Search of Understanding: The
Case for Constructivist Classroom.* Alexandria, VA: Association
for Supervision and Curriculum Development.

Duch, B. J., Groh, S. E., & Allen, D. E. (2001). *The Power of Problem-
based Learning.* Sterling, Virginia: Stylus Publishing, Ltc.

Johnson, D. W. & Johnson, R. T. (1989). Toward a cooperative effort:
A response to Slavin. *Educational Leadership, 46*(7).

Johnson, D. W., Johnson, R. T., & Holubec, E. J. (1994). *The Newcircles
of Learning: Cooperation in the Classroom and School.* Alexan-
dria, VA: Association for Supervision and Curriculum Develop-
ment.

Savery, J. R. & Duffy, T. M. (1995). Problem-based learning: An in-
structional model and its constructivist framework. *Educational*

Technology, 35(5)

Singer, J., Marx, R. W., Krajcik, J., & Chambers, J. C. (2000). Constructing extended inquiry projects: Curriculum materials foe science education reform. *Educational Psychologist, 35*(3).

Slavin, R. E. (1995). *Cooperative Learning: Theory, Research, and Practice* (2nd ed.). N.J.: Prentice-Hall.

Tobin, K. & Tippins, D. (1993). *The Practice of Constructivism in Science Education.* Washington D.C.: AAAS Press.

Trop, L. & Sage, S. (2002). *Problems as Possibilities — Problem-based Learning for K-16 Education* (2nd ed.). Alexandria, VA: Association for Supervision and Curriculum Development.

von Glasersfeld, E. (1989). Cognition, construction of knowledge, and teaching. *Synthese, 80.*

Vygotsky, L. S. (1978). *Mind in Society: The Development of Higher Psychological Processes.* Cambridge, MA: Harvard University Press.

Wong, D., Pugh, K., Prawat, R., Jackson, P., Mishra, P., Worthington, V., Girod, M., Packard, B., & Thomas, C. (2001). Learning science: A Deweyan perspective. *Journal of Research in Science Teaching, 38*(3).

文學篇

從文學看身、心、靈的全人內涵

——以《西遊記》為例

黃孝光

愛隆召集了所有的哈比人，他面露憂鬱的看著佛羅多。
「時候到了，」他說：「如果魔戒必須離開這裡，它必須要立刻出發。但任何和他一起離開的人，不能期待會有大軍或任何的武力支援。他們必須要孤軍深入魔王的領土。佛羅多，你依舊願意擔任魔戒的持有者嗎？」
「我願意，」佛羅多說：「我會和山姆一起走。」
「那麼，我也幫不上你太多忙，」愛隆說：「我看不見你的未來，我也不知道你的任務該如何完成。魔影已經抵達了山腳下，甚至越過了灰泛河流域，魔影之下的一切都不是我能看清的。你會遇見許多敵人，有些是光明正大的，有些是偷偷摸摸經過偽裝的。你會在最出乎意料之外的地方找到盟友。我會盡可能的送出訊息，通知這廣大世界中的朋友，不過，這塊大地已經陷入了空前的危機，有的消息可能會落入錯誤的耳中，有些則不會比你的腳程快多少。因此，我將替你挑選同伴，視他們的意願和命運而決定和你共度旅程。人數不能太多，因為這趟任務的成敗關鍵在於速度和秘密。即使我擁有遠古時代的精靈重甲部隊，也只會引起魔多大軍的報復，不會有太多的作用。」
「魔戒遠征隊的人數必須是九名，九名生靈對抗九名邪惡的死靈。除了你和你忠實的僕人之外，甘道夫會參加，因為這是他自始至終參與的使命，也可能是他努力的終點。」

「至於其他的，將必須代表這世界上愛好自由與和平的人們：精靈、矮人和人類。勒苟拉斯代表精靈，葛羅音之子金靂代表矮人，他們至少願意越過迷霧山脈，甚至是到更遠的地方。至於人類，你應該挑選亞拉松之子亞拉岡，因為埃西鐸的戒指和他息息相關。」

——《魔戒首部曲》第二章第三節〈魔戒南行〉

壹 緒論

在華人社會中，《西遊記》是部膾炙人口、家喻戶曉的小說，其故事情節，妙趣橫生，影響所及，上自達官顯要，下迄販夫走卒，均耳熟能詳，津津樂道。可是，關於此書的價值所在，歷來評論者不啻千巖競秀，萬壑爭流，今觀各家價值觀，可歸納為四類（吳聖昔，1989）：

1. 宗教價值觀：以夏復恆、王韜為代表。
2. 諷諭價值觀：以魯迅、胡適之為代表。
3. 政治性價值觀：以張天翼、劉遠達為代表。
4. 哲理性價值觀：以吳聖昔為代表。

本文則別出心裁，獨闢蹊徑，嘗試從「教育價值觀」的另一角度，加以闡釋《西遊記》中蘊藏的「全人教育」。近十年來，本校致力於「全人教育」已為海內外所知，然而有關全人之內涵早在三千年前，大衛在他的〈詩篇〉中已有「我的心歡喜，我的

靈快樂，我的肉身也要安然居住」的詩句（詩篇十六：9），他把人分為「心、靈、肉身」三部分，到了兩千年前時，保羅也說：「願你們的靈與魂與身子得蒙保守」（帖撒羅尼迦前書五：23），簡言之，大衛將人分為「身、心、靈」三部分，保羅則以「靈、魂、體」來區分，而這種三元的分類在《聖經》裡又重現在〈路加福音〉和〈希伯來書〉裡：

- （耶穌）漸漸長大，強健起來（身），充滿智慧（心），又有神的恩（靈）在他身上（路加福音二：40）。
- 神的道是活潑的，是有功效的，比一切兩刃的劍更快，甚至魂與靈、骨節與骨髓，都能刺入、剖開（希伯來書四：12）。

綜上所述，我們歸納出《聖經》是把人分為「身、心、靈」（由外而內）或「靈、魂、體」（由內而外）三個部分，今可列表如下：

經文	全人內涵	重點所在
詩 16：9	心、靈、身	由內而外
帖前 5：23	靈、魂、體	由內而外
路 2：40	身（強健）、心（智慧）、靈（神的恩）	由外而內
來 4：12	靈、魂、體（骨節、骨髓）	由內而外

不僅如此，甚至《聖經》記載的人類始祖犯罪乃至耶穌受試探時，也是先後在「身、心、靈」三方面面對其誘惑的（參創世

記三：6-8；馬太福音四：3-10）。

可見全人是以「身、心、靈」為主要內涵的。而本文係以《西遊記》為例，引證說明此小說中也蘊含了身、心、靈的成分，換言之，吳承恩藉小說中唐三藏、孫悟空、豬八戒、沙悟淨等角色，將全人的建構與特徵表露無遺。而我們今天閱讀《西遊記》，發現小說中的「豬八戒」、「孫悟空」及「唐三藏」就是「身、心、靈」的表徵，他們三位共赴取經之路，既是「身、心、靈」的取經，也是「全人」的取經。

故此本文先從「取經」的角度點出取經必備的要件，其次，根據各角色逐一說明其代表的全人象徵，末了再加以闡述《西遊記》中的全人互動關係，進而說明身、心、靈的平衡、成長與成熟。

《西遊記》的故事又稱為「三藏取經」，書中談到唐三藏取經的各種際遇。其實，每個人都在走一條取經的人生。而取經的人生至少應具備以下三個基本要件：

　　1. 承認自己沒有經典。

　　2. 深信某處藏有經典。

　　3. 心動不如行動。

試以唐三藏為例，他先承認自己未曾見過「大乘經典」，接著從觀音菩薩處進一步知道在印度存有大乘佛法，最後他決心踏上征途，前往取經（西遊記第 12 回），簡言之，取經的人生其特點是：承認自己的不完全，所以才需要去取經，並以實際行動完成此一宏願。

《西遊記》既然是由唐三藏、孫悟空、豬八戒和沙悟淨所組

成的團隊，也藉由這四位組成一個「全人」，一起走上取經的道路。我們現在不妨按著「身、心、靈」的順序，加以分析故事中這幾位角色的特點，來觀照一個全人的內涵究竟包括了哪些部分，同時對我們的心靈世界有進一步的省思。

 西遊記中的全人內涵

一、豬八戒的全人象徵──身

論到豬八戒，其前身原本是天蓬元帥，雖能統治銀河，轄管蝦兵蟹將，但卻無法控制自我情欲，以致帶酒戲弄嫦娥，被貶凡塵，轉世投胎，「錯了道路，投在母豬胎裡」（第8回），此即豬八戒之由來。

豬八戒為何需要取經？他究竟有何不足之處？乃因他根本是一個偷懶好睡、貪食好色之徒，今略述如下：

(一)貪食

貪吃是豬八戒的特徵之一，像書中說他在五莊觀偷吃人參果，結果惹出大禍（第24回）；於車遲國，雖在夢中，但聽到好吃的東西，馬上精神大振（第44回）；小雷音寺中被捉獲救後，不是先謝蒙恩得釋，而是跑到廚房找飯吃（第66回），難怪唐三藏說他是「槽裡吃食、胃裡擦癢的畜生」（第96回）。

其實，「好吃」正是華人生活中極重要的一環，試想一個素以「民以食為天」為治國理念的民族，又慣於以「吃飽沒」為問安語，豈不就是注重飲食所致。概言之，華人對飲食的特殊表現有三，華人是：

1. 什麼東西都吃的民族。
2. 什麼東西的什麼部位都要吃的，並無內外之別。
3. 認定內部均較外部更為好吃的民族，故「皮毛」遠不如「骨髓」來得有味，視內臟為補品，即是此理。凡此種種均形成華人民族性格之一。

(二)好色

「飽暖思淫欲」是豬八戒的另一特徵。試看他先是在高老莊強行娶親（第18回）；接著在「四聖試禪心」，見美色而「淫心紊亂，色膽縱橫」（第23回）；後來見白骨夫人變的女子「生得俊俏，就動了凡心」（第27回）；至於在西梁國，見了女王則醜態畢露，「忍不住口嘴流涎，心頭撞鹿，一時間骨軟筋麻」（第54）；而在盤絲洞更色膽包天，變作鯰魚精，一親眾女子芳澤（第72回）；末了見到嫦娥，仍是舊情難忘，不但「動了欲心」，還強抱對方並說：「我和你耍子兒去也」（第95回），難怪今天台灣的色情行業仍供奉豬八戒為其祖師爺，也是其來有自的。

孔子說：「吾未見好德如好色者也。」梁惠王也說：「寡人有疾，寡人好色。」可見好色之心，自古已然，豬八戒之好色，正反映出華人在感官世界中縱欲享樂的心態。

可是孔子也曾說過「飲食男女，人之大欲存焉」，孟子也有

「食、色性也」的說法，可見得「食、色」不應視為罪惡，然而為什麼在豬八戒身上就出了問題，今究其因，乃是由於豬八戒把食、色建築在「貪」的基礎上，其關係可以下圖示之：

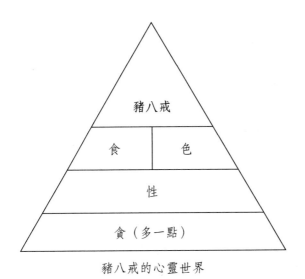

豬八戒的心靈世界

　　當豬八戒不斷的以「多一點」為貪的藉口時，這種貪念便成為他的主宰，從此就被其所轄制綑綁。

　　試觀現今世人，又何嘗不是如此？上帝賜給人類「食、色」的需求，正如同火車的雙軌，人若安分行在軌道上，自然通行無阻，可是許多人不此之圖，就是喜歡貪多一點，不是貪吃，就是貪色，結果導致在「食、色」上出軌或越軌。

　　在飲食上因貪吃出軌的人會有兩種危機：一是「體型改變」，像個人的身材會從「水蛇腰」變為「水桶腰」；二是「體質改

變」，體型改變只是身材不美，可是體質改變卻會要命，當人一旦得了腦溢血、中風等不幸的疾病，輕則半身不遂，重則「功成身退」，都會使人遺憾終身的。

同理，在色上因貪而出軌的人，如「包二奶」、「一國兩府」、「三妻四妾」都是這些代號，但至終的結局多是造成家庭生變、親人對簿公堂的倫理悲劇。

又試觀今日台灣社會所充斥的聲色犬馬場所，各種酒家、賓館、茶室、咖啡廳、理容院、按摩院、護膚中心、三溫暖、MTV、KTV、PUB等場所，多半呈現著春城無處不飛花的景象，在在充斥著「豬八戒症候群」的徵兆，自是毋庸贅言了。

今綜觀豬八戒所貪戀的食、色，其實正是吾人「身體」部分最為關切的基本需求，簡言之，豬八戒的人生追求就是「爽」，舉凡能使身體感受到爽的事情，他就興致勃勃，這種「爽就好」的哲學，也是目前社會中許多醉生夢死的行屍走肉所追逐嚮往的。

也因豬八戒有這些食、色等貪念的問題，所以他需要登上取經的正途，以追求正果，自然是順理成章的事了。

而落在其欲望無窮、貪圖口欲、縱情聲色的情況下，豬八戒（身的象徵）實需要一強大之心志來駕馭約束其欲望，而此心志就以孫悟空為其代表。

二、孫悟空的全人象徵——心

孫悟空本為花果山上的一塊仙石，因受「天真地秀，日月精華」，遂迸裂風化而成一石猴，而後為美猴王，尋訪仙道，官封

弼馬溫，復因偷蟠桃，大鬧天宮，自號齊天大聖，終而被壓於五行山下，直到受禁制於唐三藏緊箍咒，始正式收心，登上取經之途。今觀其何以須取經？因他在三方面有所不足：

(一)善變

在全書一百回目中，有十七次以「心猿」喻孫悟空，書中說他一觔斗可以翻十萬八千里，正表明吾人心思，一如心猿，可以隨時超越環境，不受限於空間。

再者，孫悟空的七十二變化，一方面說明了他以不同的身分，獲得所需要的資源，所謂的「見人說人話，見鬼說鬼話」，正是此義，同時七十二變化更表明了人心善變，試觀現代人日常所用的話語：「翻臉像翻書」、「彼一時也，此一時也」、「計畫趕不上變化，變化趕不上領導的一句話」、「上有政策，下有對策」，凡此種種，都是為「善變」下了不同形式的注腳。

(二)善嗔

除了善變外，孫悟空的性格也是極為剛烈暴躁的，試看他：

1. 深入東海龍宮，強奪鎮宮之寶——如意金箍棒（第3回）。
2. 逕闖地獄羅殿，硬索生死簿，強銷名號（第3回）。
3. 獨赴天庭，大鬧天宮，驚動玉皇大帝（第4至7回）。

書中將其「入龍宮、下地府、上天庭」娓娓道出，其霸道橫行，嗔怒暴虐的惡形惡狀，何嘗不是目前社會中許多人士心靈的寫照？

㈢善爭

猶有進者，孫悟空更一心想當齊天大聖，欲與天公共比高，所謂「強者為尊讓我，英雄只敢爭先」（第7回），為要爭「玉皇上帝尊位」，不惜為此大動干戈，血流成河；而這種爭地位、爭權勢、爭名利，又何嘗不是現代社會的另一特徵？

正因孫悟空心中充滿了「變、嗔、爭」，故其心靈世界可以下圖示之。自然引發了三界萬古愁，故此心猿勢必得藉由唐僧加以收心約束。

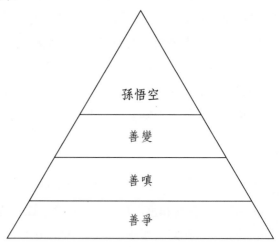

孫悟空的心靈世界

三、唐三藏的全人象徵——靈

唐三藏可代表吾人心靈世界的另一層面，其特徵有二，茲分

述如下：

(一)良知

唐三藏以一手無寸鐵、軟弱無能之出家人，何以能制伏心猿？此無他，因他代表了人性之「良知」，故孫悟空雖有翻江倒海、呼風喚雨之能，然而只要他一旦有傷天害理、悖逆倫常之意圖，則此良知隨即約束心猿，所以唐三藏所誦習的「定心真言」（第14回）終能使孫悟空俯首稱臣，定心歸正。

換言之，唐三藏有什麼本領可以約束孫悟空呢？他雖是一個弱不禁風、手無縛雞之力的出家人，沒什麼特別的本領，只是會念「緊箍咒」，一開聲念「緊箍咒」，孫悟空就被制住了。而此「緊箍咒」其實就是我們生命中的「良知」，它可以對人心裡的「惡」進行控訴、約束。因良知的管治，人就不敢任意善變，恐怕自己對人失了信用，既交不到朋友，也沒人願意與自己合作；也不敢亂發脾氣或一意孤行地搶占，因為「小不忍則亂大謀」，而且「忍一時，風平浪靜；退一步，海闊天空」。所以，只要人的良知還在，它就會約束人裡面的「孫悟空」，免得他闖禍、壞事。

(二)軟弱

唐三藏作為良知的象徵，其特點是能管住孫悟空；但他自己若真是那麼好，又為什麼需要去取經呢？原來「良知」也有問題，因為其本身是建立在脆弱的基礎之上的。

人固然有良知，但這良知受到兩大因素的影響：首先是外在

的影響，外魔一旦臨到時，我們在那環境中往往束手無策，就像
唐三藏於取經的途中經常不能自保，被惡魔抓走、要吃他的肉。
我們的良知也往往在外在的壓力下，因把持不住，而做出讓步，
這也就是中國人常說的「人在江湖，身不由己」的最佳寫照。

　　人的良知不僅有外魔的威脅，還有內賊的危險──即人本身
內裡的私心雜念，常在我們裡面相隨、翻騰。古時的王陽明就說
過：「除山中之賊易，除心中之賊難。」人因有自己想達到的各
種欲望，於是便有「人不為己，天誅地滅」的說法，而且還說得
頗振振有詞。良知在私心的面前，真顯得十分軟弱。

　　我們的良心在「外魔」和「內賊」的雙重作用下，遭到嚴重
污染。大家都有太多欲望，「無欲則剛」成為一種空的理想。

　　綜合上述所說，現以下圖示之：

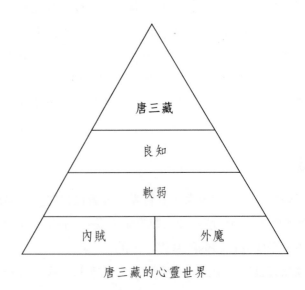

唐三藏的心靈世界

　　前文緒論中提到，人基本上分三個部分：首先是最外面的部分，即身體的部分，有四肢、五官，人用四肢五官去感受外在感官的世界。這方面的特點在《西遊記》中即以豬八戒為代表，他所在乎、追求的，就是身體感官世界的需求。

　　人的第二部分，是魂的部分，或稱為心的部分，其中可分為「知、情、意」三方面。「知」指知識、才能，人會思想，乃因有「心」的功能。在《西遊記》中，這方面可以孫悟空為代表，他能七十二變，就像擁有七十二個博士學位。這也正是孫悟空瞧不起豬八戒的原因，總覺得他太庸俗、腐敗、墮落，只知享受，根本不懂得努力用功、好學上進。孫悟空卻是追求知識與思想。

　　「魂（心）」也包含了「情」，一是指「情感」，有愛有恨。歌手趙傳曾唱出：「我很醜，可是我很溫柔」，結果一曲成名。醜在哪裡？乃在身體的部分，溫柔在哪裡？乃在魂（心）的部分有真情。可見內在的魂（心）比外在的身體更重要、寶貴。

　　在「情」之中，也包括了「情緒」，情緒上的穩定即當今人們所津津樂道的 EQ。其實無論 EQ 或 IQ（智力商數），都屬於「魂（心）」的部分。

　　書店中一般所讀的勵志書，其實都在告訴人們，人生事業上的成功，主要是靠「魂（心）」方面的成功。

　　除了情緒方面的穩定外，「魂（心）」中還有第三方面，就是「意」──意志，使人能夠做決定，在決定取捨之後，也有毅力去完成目標。

　　「知、情、意」，是上帝賦予人的重要成分，也是形成人格的「主要成分」。這「魂（心）」方面的鍛鍊與豐富，正是孫悟

空成功之處，使他能比豬八戒卓越。

　　然而人之異於禽獸，稱為「萬物之靈」，除了「魂」的層面，還另有更為寶貴、深入的層面，那就是「靈」的部分。「靈」裡有兩種最直接的功能，其一就是良知，它會意識到一件事究竟對或不對，也可說是安或不安。哪怕是在「魂」的方面已經通過、接受的事，但在「良知」上卻有可能通不過。

　　人內心的「靈」就是這樣：有些事情我們在別人面前死不承認，但到了夜闌人靜、獨自一人時，就不得不承認。中國人還有一種說法──「人之將死，其言也善」，一輩子幹了許多壞事的人，臨終前往往會天良發現。

　　《西遊記》的作者吳承恩約在五百年前讓我們看見，人裡面有豬八戒、孫悟空、唐三藏。按照上世紀西方學者佛洛依德的說法，每個人都有三個「我」：第一是「身體」的部分，即「人的本我」；第二是「心」的部分，即「人的自我」，所以人會追求自我的滿足和成就；人還有第三部分，即「靈」裡面「人的超我」。人在追求「心」的部分時，他會滿足他的自我；但人在追求「靈」的滿足時，卻會甘心犧牲自我。

　　人的靈中除了有良知的需求，同時也有敬拜（信仰）的本能。人的一生中希望尋得一個對象，成為自己敬拜（信仰）的對象，以自己的一生來事奉敬拜，並希望與之建立一種親密的關係。人類在其本身的歷史中，總不斷在尋找這麼一個對象。人或許會找錯了對象，但是不能沒有這種敬拜（信仰）的行為，無論所敬拜的是古代的歷史人物、近代的政治強人，或只相信自己，或只相信錢財（拜金主義），甚至某種主義或意識形態。

　　而《西遊記》中的唐三藏，就是作為敬拜（信仰）的象徵，他無論如何都要到西天去取經，視此為自己一生中最重要的事情，哪怕千山萬水、猛虎野獸都不能攔阻他，一定要完成這件事，因為敬拜是他人生的第一件大事。

　　以上所說的「身、心、靈」的關係也可示之如下：

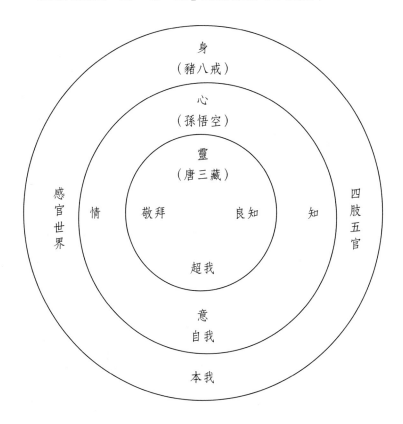

四、沙悟淨的全人象徵──癡

沙悟淨的特徵有二：一為盲從，二為盲點。

(一)盲從

綜觀全本《西遊記》，沙悟淨在書中的角色是極少說話的，他是一「默默奉獻的苦行僧」，而其平素的準則是「不識不知，順帝之則」，而此「帝」的對象，自然是唐三藏，若唐僧不在，則依序為孫悟空或豬八戒，總之，沙悟淨在主觀意識的自覺上，往往帶著癡迷的盲從現象，是沒有主見的。

反觀吾人的心靈世界，日常生活亦復如此，舉凡在諸多場所中，時時以「隨便」、「沒有意見」、「客隨主便」為託辭，每每說「以大家（或主席、或領導）的意見為意見」，結果反而使自己（或別人對自己）的心思暗昧不明，簡言之，此或可象徵吾人對自己的行為往往不負責任的一種表徵。

(二)盲點

除了「盲從」外，沙悟淨的「盲點」也是該正視的另一課題。而此盲點，可從其相貌而獲致，一言以蔽之，我們對其長相是沒有清晰概念的，他不像唐、孫、豬三位，給人深刻鮮明的印象，反觀沙僧，每次讀到他時，只給人帶來一種模糊朦朧的不真實感，這正象徵了在華人心靈世界中，其深層結構也欠缺了對「自我」的認識。

比方說，倘若請大家來畫《西遊記》中這幾個人物的形象，最容易畫的大概是豬八戒，因為模樣像豬；孫悟空長得像猴子，也好畫；唐三藏是人，也比較容易畫。其中最難畫的大概是沙悟淨了，大家對於沙悟淨各有其想像的空間，畫出來的沙悟淨都會有些不同。沙悟淨所象徵的另一方面，就是人對於自己的認識模糊，無法畫出自己的本相，雖知道其存在，但不知道其真正的面目如何，即是有「盲點」。

我們內裡都有盲點的成分，往往對自己看不清楚，所謂「旁觀者清，當局者迷」、「一語驚醒夢中人」，或「聽君一席話，勝讀十年書」都是最好的說詞。

人裡面有「盲從」和「盲點」，說明人的裡面有癡迷、障礙，造成人內心深處的「幽暗意識」。換言之，在每個人的心裡，都有與生俱來的陰暗面，凡此種種構成了沙悟淨為何要去取經的理由。故其心靈世界可以下圖示之：

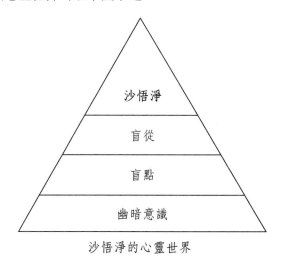

沙悟淨的心靈世界

正因吾人常不認識自我本相，往往過分高估人性中之自覺性，對自我過於樂觀，結果無法對人性中與生俱來的種種黑暗勢力予以正視和省悟，此即是張灝所說，吾人對此「幽暗意識」缺乏給予正面的關注與體認，而此盲點，成為華人文化中不易展現的話題。

綜上二說，盲從是「癡」，盲點是「障」，此二「癡」、「障」，正是吾人在人生取經之途中亟應關切重視的。

倘若我們再將上述四位的心靈世界整合在一起（如下圖），

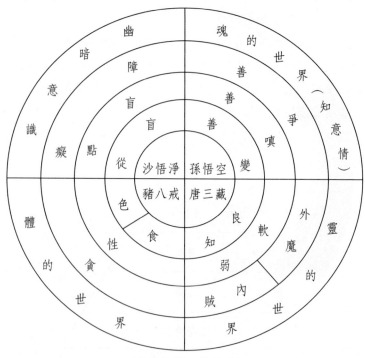

西遊記的心靈世界

則更可以看出我們的心靈的確是常常陷溺在這四種不同的光景中痛苦掙扎、飽受折磨的。

　　不僅如此，若從全人內涵的角度來思考沙悟淨在其中所表達的意識，我們也可以說既然沙悟淨代表了每個人與生俱來的幽暗意識，而此幽暗意識也存在於我們全人的每一部分。若我們不肯承認、不去正視、任其發展的話，就會在身、心、靈三方面都造成很大的問題及傷害（如下圖）：

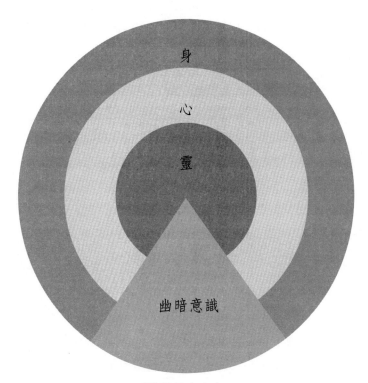

西遊記的全人內涵

唯有當我們肯承認自己內裡有某種程度的幽暗意識、陰暗面，才能去正視、調整，今說明其對身、心、靈之傷害：

1. 身的傷害

現今的人比較容易承認自己的身體可能會出問題，所以有些人會定期檢查身體，乃是為了及早知道自己的身體哪裡有問題，以便盡快解決。若不肯檢查，知道得太晚，身體就大受虧損。

2. 心的傷害

這種陰暗面或幽暗意識其實也存在於人們的「魂」的層面，人格方面受到其影響，以致人雖然有思想，但人的思想卻可能是偏激或扭曲的思想；人雖然有情感，但是一種錯誤或失控的情感；人可以有意志的決定，但是一個不正確的決定。人們往往在思維觀念中，習慣於過去的那一套，就一直這樣錯下去而不自覺。

中華民族自古以來，有一種很深的幽暗意識，我們歷代都有一個共同的期待，即希望有一位偉大的人物出現，好來領導我們，那人就叫作「聖人」。聖人一旦修身、齊家、治國、平天下之後，就擁有了最高權力，但是也開始了腐化的過程，因為權力絕對使人腐化。

直到今天，還是有人盼望有某位特殊人物會起來救國救民，是真命天子。然而，對「幽暗意識」的認識，讓我們看見，沒有一個人是聖人、是完美的人，因為世間任何人都遲早會令我們失望的。

即使是一個作惡的人，他裡面也並非沒有思想、情感、意志，但若這一切都是由幽暗意識所控制，就造成了很大的問題。此即偏激的思想、扭曲的情感、錯誤的判斷，這一切都造成了心的傷

害。

3.靈的傷害

幽暗意識也會影響到人內心最深的部分，即是靈。幽暗意識在人的靈裡面，會造成我們良心的標準不一，使我們敬拜的功能缺失，造成很大的傷害；以致我們好像有良心，但我們的良心有問題。有些人會說：「我沒有殺你，已算是有良心了！」或「我這只是偷，還沒有搶呢！」或「我只是說說而已，並沒有做，還是很有良心的。」這些所謂的「良心」都已落入了幽暗意識中。

此外，幽暗意識也會造成我們在敬拜時被蒙蔽，所謂「假神真拜」的認賊作父，這是拜錯了對象；也有「真神假拜」，這是拜錯的態度，凡此種種都形成對靈的虧損與傷害。

西遊記中的全人教育

一、角色之互動關係

了解了《西遊記》的全人是以「身、心、靈」為主要建構後，吾人可更進一步思考，此三者之互動關係上可從其「優先性」及「失調性」兩方面予以闡述。

㈠優先性

在「身、心、靈」的組成中，其優先順序為何？可由其角色

身分上窺知一二，像唐三藏（靈）身為師父，居主導的位子，率領眾徒弟前往西天，可見在人生取經途中，首應重視靈之價值與地位，我們可以說靈當清明優先，所謂「為人不做虧心事，夜半敲門心不驚」，正是人的良知系統「仰不愧於天，俯不怍於人」的最好寫照，這也是文天祥絕命詞所說的「而今而後，庶幾無愧」的真義。

靈不僅當居優先順位，同時唐三藏（靈）透過緊箍咒就牢牢地制伏了孫悟空（心），使得人的心猿被約束，乖乖就範的行事；反之，人的心若喪盡天良（靈），則其心自會目無法紀，無法無天，就像孫悟空一樣，會大鬧天宮，導致天下大亂，生靈塗炭。簡言之，人不但靈要清明，同時心也要慎選，才能安然無事。

在《西遊記》中，講到法力，豬八戒有三十六變化，而孫悟空卻有七十二變化，這正說明豬八戒（身）是受制於孫悟空（心），也唯有人的「身」受到「心」的約束，豬八戒才有修成正果的可能。

綜上所述，所謂全人教育的優先順序可以一言以蔽之，就是「靈要清明，心要慎選，身要配合」，今謂之「全人的順性原則」，而此三者可以下圖示之：

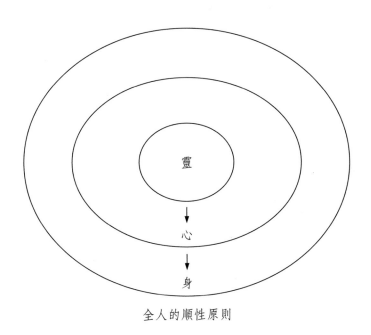

全人的順性原則

㈡失調性

　　然而在全人內涵的互動上，也有其失調之時，可稱之為「全人的逆性原則」，在《西遊記》中最常見的是以豬八戒為肇事者，小說中多次記載由於豬八戒（身）的欲望，不論是貪食或是好色，為要遂其所欲，豬八戒每每以其欲望（身）來蒙蔽良知（靈），務使其失去清明的功能，以致唐三藏（靈）在不明是非真相之際，便不分青紅皂白把孫悟空（心）趕出取經的團隊，這表示靈之昏昧導致心之放縱，結果造成了體之陷溺。這便是「全人的逆性原則」，可示之如下圖：

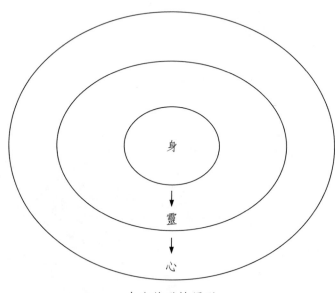

全人的逆性原則

　　原本「身」應受制於「心」與「靈」的「全人順性原則」，反倒因著「身」的喧賓奪主、鳩占鵲巢，取代了以「靈」為核心主導的位子，這種「全人的逆性原則」，便產生了許多失調的現象，造成身、心、靈之間的矛盾衝突。在《西遊記》目錄中，就很貼切的指出，像「聖僧恨逐美猴王」（第27回）、「道迷放心猿」（第56回），都是肇始於人的良知（靈）受到欲望（身）的陷溺所致，這也是今天社會中許多亂象的根源所在了。

二、角色的成長結果

　　《西遊記》的取經，不單是小說中每一位的個人大業，更重要的乃是他們在所屬的團隊中，是否能相互扶持、共同成長！今仍就身、心、靈之順序分「個人」及「團隊」兩方面來說明。

㈠個人方面

1.豬八戒（身）的成長

　　豬八戒本身是天蓬元帥，但因酗酒戲仙娥，受貶凡塵，投入豬胎，身如畜類。但自歸入沙門後，雖然淫心不斷（第93回），但在取經途中，也能力敗魔王（第 61 回）、助威征怪（第 86 回）。而如來最後稱讚他「挑擔有功」（第100回），在此強調身體是需要負重耐勞的，這與《聖經》所謂的「功克己身、叫身服我」可謂不謀而合。

2.孫悟空（心）的成長

　　孫悟空本為一石猴，後封為美猴王，及勤習仙術後，野心遂生，終因「官封弼馬心何足，名注齊天意未寧」（第4回），結果大鬧天宮，受壓五行山下，終為唐僧所救，歸於釋教。取經途中，忠誠護主、隱惡揚善、降魔有功，可說他是竭心盡智，全始全終的護持師父，這一切都顯明了人心中高貴的品格，故他至終被封為「鬥戰勝佛」（第100回），這戰鬥所勝的敵人，相信就是他自己的內心世界。《聖經》說「你要保守你心，勝過保守一切」（箴言四：23），也是很傳神的寫照了。

3.唐三藏的成長

唐三藏本為如來佛祖之徒，名喚金蟬子，但因不聽佛祖說法，輕慢大教，故貶其靈轉生投胎（第100回），乃為玄奘，自幼向佛，及長為僧，後受觀音菩薩指示，發願至西天取經，途中雖有妖魔戕害，仍以良知善念待之，處處充滿悲天憫人之宗教情懷，故可說唐三藏的成長乃在追求「靈」臻於真、善、美、聖之境，務使其本身「脫了凡胎」（第98回），始能成為正果。

除了個人方面身、心、靈要成長外，其實《西遊記》中更指出在取經的團隊中，彼此須相互扶持。小說論到他們師徒取經接近尾聲時，有兩次很生動的刻畫。

1. 在第九十八回記載唐三藏乘上無底船，因踏不住腳，結果跌在水裡，但被撐船人一把扯起，但等到船撐開時，卻見到水中有一死屍：

長老（唐僧）見了大驚，行者笑道：「師父莫怕，那個原來是你。」八戒也道：「是你，是你。」沙僧拍著手，也道：「是你，是你。」……三藏方纔省悟，急轉身，反謝了三個徒弟，行者道：「兩不相謝，彼此皆扶持也，我等虧師父解脫，借門路修功，幸成了正果，師父也賴我等保護，秉教伽持，喜脫了凡胎。」

這裡所說的「幸成了正果，喜脫了凡胎」正是相互扶持，共同成長的具體寫照。

2. 在第九十九回記載了：

師徒方登岸整理，忽又一陣狂風，天色昏暗，雷烟俱
作，走石飛沙。但見那：一陣風，乾坤播蕩；一聲雷，
振動山川。一個烟，鑽雲飛火；一天霧，大地遮漫。風
氣呼號，雷聲激烈，烟掣紅銷，霧迷星月。風鼓的沙塵
撲面，雷驚的虎豹藏形，烟晃的飛禽叫噪，霧漫的樹木
無蹤。那風攪得個通天河波浪翻騰，那雷振得個通天河
魚龍喪膽。那烟照得個通天河徹底光明，那霧蓋得個通
天河岸崖昏慘。好風！頹山裂石松篁倒。好雷！驚蟄傷
人威勢豪。好烟！流天照野金蛇走。好霧！混混漫空蔽
九霄。

諕得那三藏按住了經包，沙僧壓住了經擔，八戒牽住了
白馬，行者卻雙手輪起鐵棒，左右護持。原來那風、霧、
雷、烟，乃是些陰魔作號，欲奪所取之經。勞攘了一
夜，直到天明，卻纔止息。（第99回）

　　在這段描述「陰魔作號，欲奪所取之經」，但唐僧師徒等人
卻共同保護，所謂「三藏按住了經包，沙僧壓住了經擔，八戒牽
住了白馬，行者卻雙手輪起鐵棒，左右護持」，更是說明了他們
至終是以團隊合作，彼此成長，共同護持來完成取經大業的。

　　這也可以說明全人的「身、心、靈」理當視為三位一體，是
三者並存，不能偏廢，且是相互平衡的。

　　今根據《西遊記》第九十九、一百兩回的記載，可將其「全
人內涵，原本之陷溺，成長過程及取經結果」列表如下：

全人內涵	原本之陷溺	成長過程	取經結果
身（豬八戒）	天蓬元帥 酒戲嫦娥	喜歸大教 挑擔有功	1. 弱脾胃 2. 淨壇使者
心（孫悟空）	齊天大聖 大鬧天宮	煉魔降怪 全終全始	1. 失金箍 2. 鬥戰勝佛
靈（唐三藏）	金蟬子 輕慢大教	秉我伽持 取去真經	1. 脫凡胎 2. 旃檀功德佛

　　取經結果有三種光景：一是弱化「身的本我」（弱脾胃），二是勝過「心的自我」（鬥戰勝佛），三是實現「靈的超我」（旃檀功德佛），這也是《西遊記》最終是以呈現「身、心、靈的平衡」為其真義所在。

肆 結論

　　綜觀在《西遊記》的文學作品中，很清楚深刻的將全人內涵──身、心、靈，以豬八戒、孫悟空、唐三藏一一表明，應是無庸置疑的。

　　然而更有趣的是，在《聖經》文學作品中，我們還可進一步發現，在《舊約》人物大衛王的身上竟然也有《西遊記》的影子蘊藏其中。

　　《西遊記》不過是四百多年前中國明朝之時吳承恩的作品，

而大衛則是約在三千年前的猶太人，二人分處不同時空，可是試問大衛這個人的內心裡有沒有豬八戒的成分？根據《聖經‧撒母耳記下》十一章的記載，大衛做以色列王時，有一天睡到太陽平西才起身（像豬八戒一樣貪睡），當他在陽台上遊逛，看見一個婦人正在洗澡，容貌甚美（大衛裡面的豬八戒就蠢蠢欲動），便派人去打聽那婦人是誰。原來是大衛手下的部將——烏利亞的妻子。當時烏利亞正在前線作戰，大衛於是派人去將那女子接來，結果與她同房。

　　大衛裡面不但有豬八戒的成分，我們試看另外有否孫悟空的成分。話說烏利亞的妻子回家後不久，發現自己懷孕了；大衛知道後，就心生一計，下令叫烏利亞回來一趟，大衛先虛情假意（如孫悟空一般）向烏利亞詢問前線戰事，然後要他回家休息，希望他能與妻子親近，便可掩蓋他妻子懷孕的事了。哪知，烏利亞忠心耿耿，認定在前方仍有戰事的時候，無論如何不肯獨自一人偷安享福，所以堅決不肯回家。結果，大衛乾脆就無毒不丈夫，心生另一計（像孫悟空似的足智多謀），他寫了一封密函讓烏利亞帶回前線，交給大將軍約押。指示約押要在戰爭中將烏利亞派去陣勢最危險的地方，令他死於敵人手中。大衛就這樣借刀殺人，害死了烏利亞。他狡猾多謀、先下手為強的作風，頗像孫悟空。

　　再看，大衛的裡面有沒有與唐三藏相似的地方？有否唐三藏的良知呢？大衛將烏利亞害死之後，自己過得快樂嗎？我們從《聖經》裡看到他曾寫了〈詩篇〉三十二篇，回想起自己當初所犯的罪，他對神說：「我閉口不認罪的時候，因終日唉哼而骨頭枯乾，黑夜白日你的手在我身上沈重。」（詩篇三十二：3-4）

白天在臣民面前,大衛是一國之君,他神色自若,強顏歡笑;晚上回到後宮孤獨自處時,卻是痛苦呻吟,發現自己成了罪的奴隸。整個人的精力被完全耗盡,因為他裡面有良知,而良知飽受折磨。

再說,大衛裡面有沒有與沙悟淨相似的地方?有否被幽暗意識所蒙蔽的時候?他犯了姦淫之後,一直不想讓人知道,自己也不願意正視面對。直到有一天,先知拿單來見他,講了一個寓言故事,說道一個有錢人為富不仁,自己雖有許多牛、羊,卻搶奪了他鄰居窮人唯一的小母羊羔,並宰殺招待客人。

大衛聽了,十分憤怒,他自己原是牧羊人出身,很明白其中是非,便生氣說那個富人該死……拿單這才向大衛指出:「你就是那人。」這即是大衛的盲點(幽暗意識),他看別人看得很清楚,卻看不見自己的問題。

大衛至此才真實面對自己的問題,他在懺悔中寫下了〈詩篇〉第五十一篇的懺悔詩。何為真正的英雄呢?真正的英雄不是沒有失敗過,不是沒有犯過錯,不是沒有犯過姦淫、殺過人,但真正的英雄乃是有一天能勇敢的面對自己,來到上帝面前,請求上帝的饒恕。當大衛面對上帝禱告時,他說:「上帝啊,求你為我造清潔的心,使我裡面重新有正直的靈。」(詩篇五十一:9)大衛過去裡面可能有孫悟空的殘暴、豬八戒的情欲、唐三藏的軟弱、沙悟淨的幽暗意識,其關係可以下圖示之;但他請求上帝給他重造一顆清潔的心,這即是我們所說的「浪子回頭金不換」。

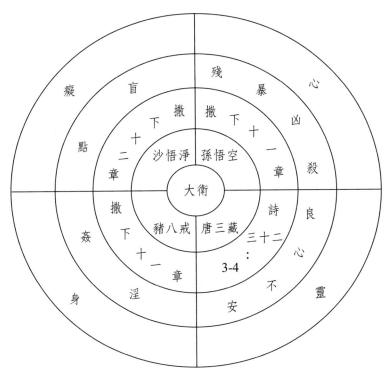

大衛的心靈世界

　　從大衛的失敗到悔改，我們也可發現，他的失敗就是一意孤行選擇了「全人的逆性原則」，而其懺悔則是遵行了「全人的順性原則」。

　　從《西遊記》及《聖經》之文本記載可知：「身、心、靈」實為全人之內涵，而本校（中原大學）之全人教育正是著眼於此，故從提出「四平衡」時就揭櫫了「身、心、靈的平衡」（張光正，中原大學全人教育展中提出，1996 年 4 月 19 日），直至二〇〇

四年四月二十八日本校全人教育村的完工落成，仍然強調此三幢建築是以衛保組（身）、輔導中心（心）、校牧室（靈）為建構之主體，藉以引伸出全人村仍是以「身的保健、心的交流、靈的提升」為鵠的的。　　　　　　　　　【2004 年 5 月 26 日三修】

問題討論

1.在《西遊記》的全人角色中，我最像哪一位？為什麼？

2.現今社會須正視全人內涵的哪一部分？理由何在？

3.請寫下你心中全人內涵各角色所占的百分比，請彼此分享其理由。

參考文獻

吳聖昔（1989）。西遊新解。中國文聯。

胡光舟（1990）。吳承恩和西遊記。台北：國文天地。

張靜二（1984）。西遊記人物研究。台北：學生書局。

張灝（1989）。幽暗意識與民主傳統。台北：聯經。

黃孝光（1988）。談中國人的民族性格兼看宣教方式，收入理念
　　與符號──基督教與現代中國學術研討會論文集。台北：宇
　　宙光。

劉勇強（1992）。西遊記新說。北京：三聯書店。

劉蔭柏（1999）。西遊記研究資料。上海：上海古籍。

薩孟武（1989）。西遊記與中國古代政治。台北：三民書局。

藝術篇

藝術教育於全人教育的實踐

林姿瑩

色彩是琴鍵，雙眼是琴槌，靈魂則是一架多弦的鋼琴，
藝術家是彈琴的雙手，有目的地敲擊著這些琴鍵，以引
起靈魂的顫動。

——康丁斯基（Wassily Kandinsky）

壹　全人教育中藝術教育的重要——培養健全人格的必備條件

　　藝術教育是美的教育，是激發靈感、發揮創意、培養審美觀念、實踐生命價值的教育，古今中外的思想家和教育家早已將科學、道德、藝術等三方面的教育，視為培養健全人格的必備條件，例如，古希臘羅馬時期的思想家柏拉圖以及亞里斯多德均強調美育須與德育結合的重要性，主張透過藝術教育的過程，個人不但可以獲得知識，同時還可以陶冶性情、淨化心靈，進而達到身、心、靈上的滿足；文藝復興時期倡導人本主義的先驅佩脫拉克（F. Petrarch），更認為要達成人格全面的發展，必須均衡的培養其在審美、學術、道德等各方面的能力；中國最偉大的教育家孔子，對教育抱持著「志于道，據于德，依于仁，游于藝」的全方位觀點，孔子致力於以「六藝」教導弟子，以培養其均衡的人格，所謂六藝包括「禮、樂、射、御、書、數」，其中的「樂」即是藝術的總稱，包含詩、歌、舞、演、奏等；美國芝加哥大學校長赫

欽斯（Robert M. Hutchins）認為，教育的目的是為了均衡發展人類所有的特性，他主張，「教育是要使人更像一個人」，而藝術教育是「以情感人」的教育，因為每一件藝術創作無論以何種形式呈現，都蘊涵著「人」豐富深厚的思想感情，所以經由藝術教育，使個人具備基本的藝術鑑賞力以及創造力後，其將能達到尋求自我生命價值意義的體驗，如此才能成為一個「完整的人」。綜上觀之，無論古今中外思想家和教育家均主張，除了知識的傳承、道德的修養之外，藝術的陶冶也是不能缺少的，因此藝術教育不應只是專業教育，它同時更是全人教育中不可缺少的一環。

中原大學的教育宗旨為：「……人人各承不同之稟賦，其性格、能力與環境各異，故充分發揮個人潛力就是成功……」，主張除了經由專業教育來傳承知識技能，使得內在潛能得以充分被發揮以外，同時還要經由通識課程，培養學生成為擁有健全人格的「全人」，全人教育理念在這樣的體認下成形。在「天、人、物、我」四大類通識課程中，各種人文藝術類課程歸屬於「我」類課程之中，其內涵精神說明了每個人都是獨特的個體，生命是不可取代的。

科學求真、道德求善、藝術求美，追求真、善、美的境界，不但是藝術家的理想，同時也是人類尋求自我生命價值意義的體驗。因此，豐富個人藝術涵養、培養審美能力、鼓勵個人付諸行動從事藝術創作，是實踐藝術教育於全人教育中重要的課題。

全人教育中藝術教育的目的——
尋回與生俱來的天賦能力

　　請問世界上最了不起的藝術家是誰？是誰那麼充滿創意讓全世界六十億人口的十隻手指頭都有不同的指紋？是誰那麼費盡心思讓每一片飄落的雪花都有不同的結晶？沒錯，世界上最了不起的藝術家是偉大的造物主，祂創造了天地萬物後，又依著自己的形象創造了人，就像木匠父親把技術和工具傳承給自己的孩子一樣，人類也繼承了造物者最偉大的能力——創造力！

　　創造力是人類與生俱來的天賦，經由創造力人類得以不斷進化，發明各種實用的物品以及新的思想，達到生活上種種基本的需求；同時也因為擁有創造力，人類得以從事各種藝術創作，來滿足其精神層面的需求，舉凡音樂、美術、戲劇、舞蹈……等，無論以何種形式呈現，創造力是一切藝術的基礎。美國「人之樂」（Music for People）音樂工作室的創辦者大衛·達林（David Darling）曾說：「如果你在非洲文化的環境中成長，你絕不會去考慮自己是不是一個藝術家的問題，只要你是人，就是藝術家。」對於許多原始部落的人來說，繪畫和音樂是生活的一部分、祭典的一部分，只要是人，就擁有與生俱來的藝術天賦，藝術家的頭銜不是只屬於具有純熟的繪畫技巧或是演奏技巧的人。

　　近代科學的發展，促使自然科學如化學、力學、數學、物理學等，以一日千里速度進步著；工業革命的興起以及現代科技的

刺激，更使得人類的物質文明以巨大的腳步不斷的躍升；知識的
專業化使得社會分工日趨細密，但同時也產生了一些令人憂心的
結果，當科技影響生活愈深，其與人文的衝突也就愈來愈嚴重，
人的全面發展被阻礙了，現代人愈來愈缺少自信、勇氣以及願意
花時間的決心，對於其專業以外的知識愈來愈不關心，同時也一
無所知，人的主體性亦因而喪失殆盡，成為美學家馬庫色所指的
「單面向的人」（one-dimensional man），而造成物質愈富足，心
靈愈貧乏的遺憾。

　　全人教育強調人文關懷與藝術陶冶，使人的感性和理性的發
展能獲得協調，當與生俱來的天賦在社會化的過程中逐漸褪色時，
透過藝術教育可以打開心靈的眼睛，藝術是一塊淨土，能為所有
的情緒和疑惑找到宣洩的出口，全人教育中藝術教育的目的在於
找回人類與生俱來的所有天賦能力，培養一個全面發展的人。

全人教育中藝術教育的觀念——舉手投足皆藝術

　　大多數人往往對藝術抱持著根深柢固、先入為主的觀念，認
為藝術是遙不可及的，藝術創作是高深莫測難以理解的，是具有
藝術天分的人才能獨享的專利，藝術欣賞是頂著浮華光環卻冷漠
做作的貴族文化。因此，當被邀請去欣賞一場畫展或是一場音樂
會時，你的腦海中可能會浮現一群裝腔作勢的傢伙，圍著一些看
起來像是鬼畫符的作品虛偽的讚美著；或是在那些聽起來比搖籃

歌更具催眠效果的樂曲之後，起立鼓掌並大喊：「安可！」如果你對藝術長久以來都抱持這樣敬畏冷漠的想法，認為藝術都遠在天邊，跟自己絲毫沾不上邊，這些被誤導的觀念讓你總是找藉口推託參與任何藝術活動，讓你總是覺得有更重要的事情要做，或是寧願待在家看一整晚無聊的電視，那麼請問你以下的問題：

你是否曾在鏡子前，選擇衣服樣式、梳理頭髮，試圖給周圍的人好印象？你是否曾在選擇聖誕卡時拿不定主意，想著某個朋友的性格可能不會喜歡這張大紅色的卡片？你是否曾在聽到一首彷彿寫出自己失戀心情的歌曲時，輕聲跟著哼唱，甚至流下眼淚？你是否曾反覆推敲那封寫給愛慕的人信中的隻字片語？當你獨自坐在一大片充滿霧氣的玻璃窗前時，你的手是否會有想在上面塗鴉的衝動？如果你的答案是肯定的，那麼恭喜你，你已經具備了成為藝術家最基本的條件了。

全人教育中的藝術教育，讓你向藝術伸出友善的手，敞開心胸去欣賞體會，然後你會發覺藝術看似遙不可及，但卻唾手可得，它存在於舉手投足之間，就像呼吸一樣自然簡單；藝術欣賞亦不是貴族文化，因為生活中的藝術與美感俯拾皆是，與生俱來的創造力與審美觀，讓人類的生活變得豐富且多姿多采，其實我們每天都在不自覺的情況下，發揮藝術的功能，運用藝術的技巧，做著如同藝術家一般的行為，只是表面上的差異，讓這些行為以不同的外在形式呈現。

在人生旅程中，你可能已經體會了許多美感與藝術的經驗而不自知，生活化的藝術教育讓每個人都可以從藝術欣賞中得到心靈的共鳴與感動，讓藝術創作不是具有藝術天賦的人才能獨享的

專利，而是每個人與生俱來的天賦能力，就像建築師看著自己的孩子，在海灘堆起沙堡，即使是歪歪斜斜的，但是他一定會忍不住讚美的；當造物主看著我們勇於用祂所賦予我們的能力，去創造、去表達時，即使是你自己認為不夠成熟專業、登不上大雅之堂的作品，祂一定也會微笑的。

 ## 全人教育中藝術教育的價值——藝術是無價之寶

藝術是無價的！這句話你贊同嗎？世界上多數的東西都有其具體的價值，是可以用金錢來購買的，但是世界上同時還有許多其他的事物，是無法用金錢衡量的，如果我們仔細思考「無價」兩字，你會發現它帶有兩個極端的含義，這兩個字竟然同時意味著「無價之寶」以及「一文不值」。是的，以「無價」二字來形容藝術其實是非常貼切的，站在非常實際的角度來看，若是從今天起世界上少了一幅達文西（L. da Vinci）的畫作「蒙娜麗莎的微笑」，或是貝多芬（L. van Beethoven）的九大交響曲，對人類的生活應該不會產生任何的影響吧？但若是從今天起世界上的電腦和汽車從此消失，可能會造成世界大亂了吧！

這樣比較起來，藝術可以說是一文不值的，對於滿足人類在物質生活上的基本需求，藝術的確是多餘的，看到這裡，你也許會忍不住問出這樣一點也不「藝術」的問題：「藝術到底有什麼用呢？」你的語氣可能像饑腸轆轆時，在餐廳裡等待遲來的餐點

那般焦躁，這時你可能要有點耐心，因為廚師正在廚房裡以他的巧思為你烹煮食物，每一道菜雖然都由大致固定的材料組成，但是在細微繁複的調理過程中，他得要斤斤計較烹煮的時間、調味的分量、食物的擺設、上菜的順序……等，還要在你想拍桌離去前，即時將符合菜單上描述的餐點送上你的餐桌，最好還要讓你有物超所值的感受，對吧？在你等待的過程中，廚師所做的每個步驟、每個想法，都與藝術家們從事創作時所使用的技巧、思考的過程以及付諸的行動相同，否則現在出現在你面前的牛排大餐，可能是一大盆漂浮著麵包、蔬菜沙拉、玉米濃湯、牛排、烤馬鈴薯、果汁與起士蛋糕的混合體，雖然是一樣的食材，但是全部被丟在一個大盆裡送上來，看起來一定不怎麼賞心悅目吧！

　　許多藝術的表現以及藝術的價值往往不著痕跡的顯現在生活中，藝術的生產者經由藝術創作來傳達內心情感、表現審美意識、反映人生經驗；而藝術的消費者則透過藝術欣賞，引導自己朝內在更高層次的意識去探索，同時滿足其追求美感的天賦。這樣的功能是無可取代的，藝術帶給人類的感動、共鳴與滿足，是無法用金錢衡量的無價之寶。

伍　全人教育中藝術教育的要點——
藝術的基本認知

　　要研究任何事物，首先要對研究的對象有些基本認知才行，「藝術」是一個概括的名詞，其涵蓋的種類繁多，彼此間亦互相

帶有關聯,一般來說,藝術創作可分為準備期、孵化期、啟發期、形成期、表現期等五個階段。通常創作者於準備期,學習基本的表現技巧和理論,以便在創作的過程中更得心應手;緊接著的孵化期,創作者必須開始蒐集相關資料,因為所蒐集的資料,將在有意識或無意識的情況下被思考,創意能量於此時期開始被累積;於啟發期的階段,外界的刺激,將會與創作者的潛在意識發展結合,產生各種具體或不具體的創意想法;接下來的形成期,創作者會將已產生的創意想法檢討修正,使其具有實現的可能性;在最後的表現期,創作者則藉由音樂、文字、圖形,或其他任何媒介,將創意具體化。

如何將藝術適切的分類,並沒有一個既定的標準或模式,但無論何種形式的藝術作品都可以依其主題、構成和內容等三個基本元素來分析,且通常我們會依其表現方式將之分為視覺藝術以及表演藝術,而以下分別就這些藝術的基本認知加以說明:

一、藝術作品的元素

無論何種形式的藝術作品都可以用三個基本的元素來分析:分別為主題、構成和內容,以下將依欣賞的主要方式將藝術分為視覺藝術及聽覺藝術來討論。

㈠主題

在視覺藝術作品中,「主題」是欣賞一件藝術品時,最容易被辨識出來的一個形象;主題可以是一個人、一朵花、一個城市

或是一個事件，例如，印象派畫家莫內（Claude Monet）的
「荷」，以及梵谷（V. van Gogh）的「向日葵」，其畫中的主題
就非常顯著。在聽覺藝術作品中，「主題」是聆聽一首樂曲時，
最容易被辨識出來的一小段由旋律和節奏組成的動機。例如，貝
多芬的「命運交響曲」中，有一段大家都耳熟能詳的「三短一長」
的節奏動機，以及德布西（Claude Debussy）「牧神的午后」前奏
曲中以長笛獨奏的旋律動機。

㈡構成

　　視覺藝術作品的主要構成元素有色彩、線條、形狀、形式、
空間和質地等；而聽覺藝術的主要構成元素則包含旋律、節奏、
和聲和音色等。簡單來說，藝術家們運用這些元素的變化組合，
在他們的作品中，展現平衡、秩序、複雜、簡潔、均衡、對比、
調和、比例、移動和韻律等原則。這些構成元素不只可以在藝術
作品中被發覺，同時也存在於自然萬物中，舉例來說，某種東南
亞的螢火蟲會在某個季節一起發出同步的閃爍光點，傳達求偶的
訊息，螢火蟲並沒有指揮者的領導，但是它們卻能本能的整齊展
現簡單而重複的節奏韻律。如果你仔細觀察，將會在大自然的規
律中，發現這些被藝術家用來構成作品的基本元素。

㈢內容

　　每一件藝術作品都會傳達某些訊息、想法或是感覺，這些訊
息、想法或是感覺就是此件藝術作品的內容。無論是視覺藝術作
品或是聽覺藝術作品，除了表達具體的實物內容以外，同時也能

表現一些抽象的感覺內容。最明顯的抽象感覺內容是情緒的表達，無論是正面或是負面的情緒，透過藝術作品的欣賞或創作，我們可以感受或表達歡愉、喜悅、悲傷、痛苦等情緒，使個人的情感狀態得到紓解與平衡。

二、藝術作品的分類

㈠視覺藝術（Visual Art）

視覺藝術的呈現方式非常多元化，凡主要經由視覺感官來欣賞的藝術均可被歸為此類。一般來說，視覺藝術的創作者所完成的作品，已經是一個完整的實體，不需要再依賴任何外在媒介來表現；同時，在沒有外力的影響下，不會因為時間或空間的不同而改變。視覺藝術可依創作的形態分為平面藝術、立體藝術、複合藝術等三個項目。平面藝術是使用媒材於二度空間的創作，如使用顏料、水彩或鉛筆等，在畫布或圖畫紙上的創作；常見的平面藝術種類有：繪畫、書法、版畫、篆刻、民俗彩繪等。立體藝術是使用媒材形成三度空間的實物創作，如以各種材質捏造或建造而成的立體實物作品，觀賞者可以環繞作品的四周，或以實際的碰觸，甚至走進藝術作品中來達到欣賞作品的目的；常見的立體藝術種類有雕塑、陶藝、建築等。現代藝術中使用多元化的創作手法達成的藝術表現稱為複合藝術；常見的複合藝術類型包括：裝置藝術、複合媒材、偶發藝術、地景藝術、公共藝術等。

(二)表演藝術

表演藝術雖然也是一種主要經由視覺感官來欣賞的藝術，但是它與視覺藝術最大的不同在於，表演藝術的創作者所完成的作品，只是以文字或符號呈現的紀錄和指示，這樣的半成品，還需要經由受過訓練的「表演者」解讀之後，經由「詮釋」的過程，才能被完整的呈現，因為經由不同表演者的詮釋，相同的作品會產生不同的風格，因此表演藝術還擁有一項「多重創造」的特質。常見的表演藝術種類有：音樂、舞蹈、戲劇等。音樂又可分為古典音樂、流行音樂及傳統音樂；舞蹈又可分為古典芭蕾、現代舞蹈及傳統舞蹈；戲劇又可分為西方戲劇與中國戲曲等。

透過「基礎的」藝術課程，對藝術有了以上的基本認知之後，在完善的藝術教育規畫下，個人更可進一步的經由藝術創作課程，接觸各種不同類型的藝術領域，經由實際創作中，獲得心靈的確認、肯定與滿足。

陸 全人教育中藝術教育的準備──
引導式藝術課程

藝術是困難的嗎？身為堂堂大學生的你，如果被要求馬上創作一首歌或一幅畫，也許會推託說：「不行不行！我又不是藝術家，我又沒有經過正統的音樂和繪畫的訓練，怎麼可能！況且我的想像力跟創造力都不夠啊！」這樣沒有自信的想法到底是從何

處來的？看來，從小到大的教育似乎都把我們盡情發揮想像力與創造力的天賦切斷了，記得我們都曾是孩子吧？用蠟筆在紙上塗塗抹抹，一邊胡亂哼著歌，對於幼稚園的小朋友來說，就像呼吸、睡覺、喝水一樣的自然，要小朋友們畫一幅畫或是唱一首歌，要比要求他們端正坐好或是不要說話簡單多了。

　　從美術課程中，我們學習繪畫的規則，海跟天空是藍色的、蘋果是紅色的、葉子是綠色的，然後你發現自己畫的圖案線條不夠完美、大小不符比例、明暗不夠對比，因此你繪畫的自信受到了挫折；從音樂課程中，我們學習歌唱的技巧，結果你發現自己沒有節奏感，唱歌時音準跟全班同學都合不起來，再一次的，你歌唱的天賦又被抹殺了；教條式的藝術課程，帶來的是消極與排斥的想法，現在你長大了，也難怪你會抱著「我根本不會唱歌，我也不會畫圖！」的想法，寧願呆坐在電視機前看著整晚無聊的節目，也不會想到要在紙上畫些什麼，或是可能寧願一頭撞死也不肯在眾人面前唱歌。不要擔心，雖然你不一定會相信，但是許多在你眼中認為是「藝術家」的專業人士，也都還對自己抱著「我根本不會唱歌，我也不會畫圖！」這樣的疑慮。一般人跟他們的分別，只是在於那些被稱為「藝術家」的人們，擁有一股付諸行動的勇氣和傻勁，同時願意將面子和疑慮拋開。透過引導式藝術課程的設計，將帶領你啟程到藝術創作的森林探險，如果你還覺得迷惑，可以從以下的準備工作開始：

一、仔細觀察身邊各種事物，感覺要敏銳

養成仔細地觀察並感覺身邊各種事物的習慣，人有五種感覺（five senses）——視覺、聽覺、嗅覺、味覺、觸覺等，但一般人在不自覺的情況下，常常會把自己某些感覺的開關切掉，因此常常疏忽了身旁的事物或風景。藝術家的感覺比常人敏銳千百倍，他們總是以不同的角度觀察生活周遭的事物，深刻體驗平凡中的不凡樂趣，進而思考和創作，因此養成仔細觀察並感覺身邊各種事物的習慣，是實踐藝術創作的第一步。

二、傾聽自己內在的聲音，找回孩子般的自信

一位美術老師看到班上一位小男孩正努力的將圖畫紙畫滿花朵，他好心的走過來拍拍他的肩，說：「親愛的，你的花畫得真棒！但是花是沒有臉的喔！」小男孩轉過頭來，堅定的看著老師的眼睛，認真的說：「可是我的花有！」這位小男孩不是別人，他正是迪士尼的創辦者——華特・迪士尼（Walt Disney）。任誰也想不到，那朵有臉的花成就了一個動畫王國的傳奇故事，華特・迪士尼以行動告訴世人，只要保有兒時純真的夢，傾聽自己來自心靈深處的呼求，就能有夢想成真的一天，以孩子般的純真與自信來展現，是藝術創作時不能缺少的要素。

三、以處處皆藝術的心情來生活

作家林語堂在其《生活的藝術》一書中提到：「一個理想的人應該要會唱唱歌、彈彈琴，但並非要人人都成為音樂家，只是希望一個人能在閒暇之時能夠懂得消遣、調劑生活。」可供我們體驗藝術生活及創造藝術生活的方式不勝枚舉，只要你懂得如何去觀察與感覺細微的事物，並從類似的經驗中學習，人的感性部分如果能被提升，懂得如何去享受人生，就會對人生感到有意義與價值，達到健全人格的發展。

全人教育中的藝術教育是沒有標準答案的，也沒有制式的規則可循，最理想的教學方式是透過引導及創作式的藝術課程的設計，開發個人的天賦潛能並培養表達自我的自信。

 全人教育中藝術教育的實踐──
藝術的創意即興

創造力是一切藝術的基礎，是一種需要很大勇氣的行動，所以如果你對接下來所設計的活動一點都不感到緊張焦慮，那才真是奇怪，對抗自己的害羞、焦慮，以及隱藏在自己內心深處的否定和懷疑，你不能拖延等待，因為它們絕對不會憑空消失，你必須從現在開始行動，也許你會擔心別人的批評，擔心自己剛開始的表現不夠完美，但是沒有什麼比親身參與藝術的創作，更容易

進入藝術領域的方式了，想想華特‧迪士尼那朵有著笑臉的小花，在不斷實驗的創作過程中，我們的好奇心與鑑賞力自然而然的會被激發，因此你一定要鼓起勇氣來先跨出第一步。

一、音樂的創意即興

　　就算你從來沒有在眾人面前唱過歌也沒有關係，每一個人都要找一首你非常熟悉的歌曲，像是〈小星星〉、〈小蜜蜂〉之類的童謠就非常不錯，想像自己是帕華洛帝，或是惠妮‧休士頓，盡情痛快的把歌唱出來，好久沒唱歌了吧？當然大家都了解，要站在眾人面前開口唱歌是件多麼困難的事，但是你現在的任務就是要唱得很恐怖，當然你也可以唱得非常優美，不過就算你唱得五音不全，又有什麼損失呢？在你開口的同時，你已經朝著成為世界頂尖的聲樂家邁進一大步了。想想看，如果汪汪和喵喵版的聖誕歌曲也可以成為全世界暢銷的唱片，那麼你還有什麼好緊張的？加油！等一下我們要開一場小小的音樂會。

二、繪畫的創意即興

　　不要懷疑，你現在又成了畢卡索（Pablo Picasso），請你對著鏡子做出幾種誇張的表情，你可以想想電視上的諧星，誰的鬼臉最好笑，或者你可以擠眉弄眼或齜牙咧嘴，自創出獨一無二的表情，然後用筆畫下來，知道嗎，幾乎所有的畫家都畫過自畫像，還有一位藝術家芙里達‧卡羅（Frida Kahlo）一生都是以自畫像

來創作她的作品的喔！你一定不知道，藝術家羅丹（Auguste Ro-din）曾經參加三次藝術學院的入學考試，三次都落榜，他的老師說孺子不可教也。他的父親說：「我竟然養了一個白癡兒子。」怎麼樣？提起勇氣動筆吧！

三、舞蹈的創意即興

現在大家要站起來動一動，這些動作不但能夠放鬆你的身體，同時還能夠發揮你的想像力，如果加上合適的音樂，就成了一齣即興的現代舞表演嘍！準備好了嗎？請你閉著眼睛依著以下指令做動作：

1. 想像你現在在天空中：你是麻雀、海鷗、老鷹、風箏、直升機、噴射戰鬥機、飛碟……等。

2. 想像你現在在大海中：你是小魚、水母、螃蟹、水草、珊瑚礁、鯊魚、章魚、潛水夫、溺水的人……等。

四、戲劇的創意即興

現在請大家兩人分成一組，每個人選擇一個扮演的角色，十分鐘的即興練習之後，全班將合作在「驚奇小劇場」中演出一幕戲，這裡列出幾個指定的角色，當然各組還可以發揮想像力創造出其他獨特的角色。

1. 一個遲到的上班族和嚴厲的主管。

2. 一個三歲的小孩和賣氣球的老人。

3.一個挑剔的顧客和不耐煩的店員。

4.一隻懶洋洋的貓和饑腸轆轆的狗。

 捌　結論

　　藝術教育是全人教育中不可或缺的一環，是培養健全人格的必備條件，其目的在於尋回個人與生俱來的天賦能力，使得個人之不同稟賦能夠被充分發揮，成為一個完整的人；藝術是生活的必需品而不是奢侈品，是存在於舉手投足間的無價之寶，端看你用何種角度來觀察和欣賞；欲落實全人教育中的藝術教育，應規畫多樣化的引導式藝術教育通識課程，包含講授式的藝術鑑賞課程，以及實作式的藝術創作課程，經由客觀的欣賞與主觀的創作，實踐全人教育中的藝術教育。

參考文獻

中華民國應用音樂推廣協會作者群編著（2003）。音樂與治療
（*Music and Therapy*）。台北縣新店市：星定石文化。

布斯（Eric Booth）著，謝靜如、陳嫻修合譯（2003）。藝術，其
實是個動詞（*The Everyday Work of Art*）。台北縣中和市：布
波。

田曼詩（2001）。美學。台北：三民書局。

房龍（Hendrik Willem Van Loon）著，衣成信譯（1999）。人類的
藝術（*The Arts of Mankind*）。台北：知書房。

林治平主編（1996）。全人教育國際學術研討會論文集。台北：
宇宙光。

林語堂（2004）。人生智慧讀本——生活的藝術。中國香港：天
地圖書。

宮布利希（E. H. Gombrich）著，雨云譯（1997）。藝術的故事
（*The Story of Art*）。台北：聯經。

班宗（William Benzon）著，趙三賢譯（2003）。腦內交響曲：從
認知科學與文化探討音樂的創造與聆賞（*Beethoven's Anvil:
Music in Mind and Culture*）。台北：商周。

賀伯特（L. Ron Hubbard）著，譚永全編譯（2002）。藝術（*The
Story of Art*）。台北：台灣海洋機構翻譯社。

葛魯（Pam Grout）著，殷麗君譯（2002）。藝術創意三六五天
（*Art and Soul*）。台北：平安文化。

詹宏志（1998）。創意人：創意思考的自我訓練。台北：臉譜文化。

劉千美（2001）。差異與實踐：當代藝術哲學研究。台北縣新店市：立緒文化。

劉思量（1998）。藝術心理學：藝術與創造——藝術創作與欣賞之實際理論。台北：藝術家。

謝東山編著（2003）。藝術概論。台北：偉華書局。

韓鐘恩（2002）。音樂美學與文化。台北：洪葉文化。

羅賓遜（Julian Robinson）著，薛絢譯（1999）。美學地圖——美感與創意的驚奇之旅（*The Quest for Human Beauty*）。台北：台灣商務印書館。

全人教育理念中的生理面向

尤嫣嫣

　　身心健康一直是大家所追求的健康境界，到底生理健康重要
還是心理健康重要？由過去心理學之發展史，發現當社會經濟繁
榮、人們生活品質改善，才促成對心理學之重視，可謂衣食足而
後知榮辱，由於人本心理學的發展重新肯定個人的自主性與整體
性，可由人本心理學之父馬斯洛（A. H. Maslow）的階層需求論
來看，強調人類之需求最底層為生理需求，當基本生理需求滿足
後，再追求安全感、愛與歸屬感、尊嚴、自我實現等更高層次之
需求，顯示生理層面之健康為人類所有一切之基礎，全人理念中
重視人之整體性，而其內涵以身心靈健康為架構，生理面向就顯
得十分重要。

壹　緒論

　　當SARS發生時，為了管控不再蔓延，政府祭出封院的策略，
當時許多人想辦法逃離或不歸隊，應該被居家隔離者又擅自外出；
封院及隔離的目的是什麼？當時民眾的恐慌更造成口罩及體溫計
的嚴重缺貨，人人無安全感，傳染病防治工作中，除了控制傳染
原外，最重要的是應增強個人抵抗力，不外乎注意飲食營養攝取，
養成規律運動的好習慣，再加上睡眠充足，這些原則大家都耳熟
能詳，似乎毫無新鮮感可言，近來許多慢性疾病的發生也逐漸年
輕化，我們是否應該好好省思原因何在？健康是一切事業的基礎，
已是人們琅琅上口的口號，如何落實健康維護，似乎仍需要大家
的關心。

一、健康的意義

　　到底健康是什麼？由一九五八年世界衛生組織（WHO）所提出的定義：健康不只是無病或不虛弱而已，它是指一個人在生理、心理和社會三方面都處在一種完全安寧美好的狀態。可知健康涵蓋的層面是廣泛的、多元的，中原大學在全人教育的推展中強調的全人理念，主要是尋求天人物我間之和諧，其中包含天人物我四個向度，即「個人與天」、「個人與他人」、「個人與自然」、「個人與自我」四部分的平衡，以達到身心靈健康的終極目標，與上述健康的定義所追求的可說是不謀而合，因此，探討健康在全人教育理念之推廣有其重要性及必要性。

二、人為什麼不健康？

　　造成一個人不健康的原因是什麼？當一個人近視，我們會想是不是來自近視家族，是遺傳造成的（遺傳因素）？可是發現他的父母親都沒近視，我們又想是不是升學壓力課業太重（環境因素）？甚至有人認為是書本印刷的字體太小的影響，或者應歸罪於視力保健（生活方式）未能落實？另外，疾病之治療（醫療照護）方便與否也是影響因素。加拿大衛生福利部部長拉隆德（Lalonde）於一九七四年提出的報告中指出影響健康的因素包括：1.生活方式，2.遺傳因素，3.環境因素，4.醫療照護，四個因素中以生活方式最為重要，因而每個人似乎應該為自己的健康負起責

任。

貳 全面性人性化的醫療

　　許多疾病一旦存在，常需醫學上的處置，包括藥物治療、手術治療、放射線治療等，不論採用何種方式治療，必然有其正反兩面的效果，例如，許多不明原因的炎症反應需要使用類固醇來控制，但類固醇之使用常出現很多副作用，是否因可能有副作用就放棄使用它來治療？對於疾病之治療不能只考慮局部因素，應以整體面來思考如何解決問題。

　　醫療可以更為人性化嗎？不論你有無生病的經驗，或許你曾經看到周圍的人生過病，當一個人面對疾病之診斷與治療時，對多數人來說常經歷許多痛苦的過程，以胃鏡檢查為例，檢查時由醫師將一根長長的管子由口腔插入經食道進入胃中，當管子經過喉嚨，因作嘔反射加上病人的緊張，肌肉收縮更不易操作成功，許多人因害怕逃避檢查而耽誤了疾病治療的最佳時機，最近許多醫院推出較為人性的作法，以短暫的麻醉方式來減輕病人的恐懼感，訴求的是無痛性檢查，還有臨床上以腹腔鏡作為許多腹部手術或婦科手術之開刀方式，傷口小、復元快，都不愧是一種人性化的作法，顯然醫療可以朝向更為人性化之思考。

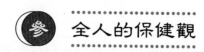

全人的保健觀

　　如果一個人體能好但滿口蛀牙且牙齦發炎，他健康嗎？又如一個人非常注重飲食養生，卻從來不去運動，雖然體重標準但體能不佳，他健康嗎？年輕是健康的本錢，年輕人一定健康嗎？年紀大的人因組織器官老化就不健康嗎？談身體健康應由全人的角度來思考，不應該只重視單一議題或認為健康只是某個年齡層才能享有的。因此，本文除由人類生長發育階段來談縱向面的保健，另由日常生活實踐的橫向面切入，期能達成全人的保健觀。

一、由縱向面（生長發育階段）

　　衛生署保健處多年前提出的口號「健康是您的權利，保健是您的義務」，為享有健康須盡保健的義務，然而應如何保健？由於不同生長發育階段有其不同需求，應加強不同的健康議題，分別以兒童時期、青少年時期、成年時期及老年時期說明如下：

(一)兒童時期

　　此時期正是學習養成良好習慣的階段，應加強各項健康行為之教導及督促，由近年來國內外健康促進學校之推動，顯示保健工作應從小落實在生活中，一九九一年世界衛生組織（WHO）、聯合國兒童基金會（UNICEF）和聯合國教育、科學及文化組織

（UNESCO）一致認同學童健康教育的重要性，要求各國加強推行學校健康教育活動，一九九二年歐洲地區與世界衛生組織成立一個「歐洲健康促進學校網絡」，供健康促進學校推動之經驗交流，一九九七年世界衛生組織會議提議，將健康促進學校計畫推廣到東南亞地區與西太平洋地區，我國也由衛生署與教育部一起努力來推動，將學校視為一個學生成長過程中要待許多時間的地方，健康促進學校強調一所學校能持續的增強它的能力，成為一個有益於生活、學習與工作的健康場所。為能有別於以往校園推動健康教育活動，應建立由下而上的推展模式，鼓勵教職員工生主動參與健康管理，工作內容包含六大範疇：學校衛生政策、學校物質環境、學校社會環境、社區關係、個人健康技能、健康服務等，期待達成下列目標：1.擬定學校健康政策，鼓勵老師、學生、家長和社區民眾共同努力促進健康；2.提供支持健康生活的物質和社會環境；3.提供有效的健康技能教學及活動；4.提供健康服務；5.將學校納入社區健康計畫中。有助於提升學生和教職員及其家長、社區民眾等生理的、心理的和社會的安適狀態。

　　台灣在健康促進學校之推動上，可以下列方式來運作：

　　1.健康行為之養成應從小做起，因此應著重在國小階段，如果國小能全面推動健康促進學校之執行，到國中、高中甚至大學，學生的習慣也不會有太大的偏差，所以如果為四年計畫，可以設定第一年推全國25%學校，第二年50%，第三年 75%，第四年達 100%（比例可視實際狀況再調整）。

　　2.依年級推不同的主題，如一年級推健康飲食，二年級為口

腔衛生，三年級為安全教育，四年級為健康體能，五年級
為性教育，六年級為心理衛生，讓每位老師只須負責一項
議題，使其配合意願較高，可深入去督促學生；若還要加
入其他議題，可以考慮一二年級、三四年級、五六年級分
別再加一個次議題。

3.由示範學校建立各個主題之推動模式供參考，各校再依據
學校之特色或所在地區之不同，予以修正適合該校之作法。

(二)青少年時期

由於第二性徵之發育，是面臨性別認同及對異性感到好奇的
階段，應加強兩性問題之學習與成長，許多心理學家提出不同的
觀點來探討，如：佛洛依德的性心理發展理論強調性是一種生存
及延續生命的本能，在個體的發展過程中時時存在，會促使個體
尋求發洩方式來因應性所造成的緊張並獲得滿足；而班都拉（Ban-
dura）的社會學習理論強調，個體的行為乃經觀察進而模仿學習
得來，性別角色之發展則是來自幼兒模仿成人各種合乎自己性別
角色的行為，同時受到外界環境之增強，因而形成個人之性別角
色認同；另有柯柏格（Kohlberg）的認知論強調，個體會去模仿
或認同某一種性別，是因為他意識並認同自己的性別，而發展出
性別概念與認同，即兒童先認識自己的性別，然後發現自己與同
性成人之相似性，進而模仿同性成人之行為（劉秀娟，1999）。
此時期除性別認同，亦須學習和諧的兩性關係，尊重生命，避免
未婚懷孕、實施人工流產，造成對新生命的戕害，同時應加強性
傳染病防治，尤其是愛滋病（AIDS）。

㈢成年時期

　　以台灣地區十大死因來看，國人常見的慢性病有癌症、中風、心臟病、糖尿病、高血壓等，這些慢性病（如：心臟病、高血壓、糖尿病等）大都在成年期發病，疾病發生的原因也都和過去的生活習慣不良有關，而且一旦被診斷有這些慢性病，除接受藥物治療外，應注重自我照顧以控制疾病維持健康。以心臟病病人之保健為例：須按時服藥、保持情緒穩定、適度運動、均衡飲食、預防便秘等；而高血壓保健：須按時服藥、維持理想體重、適度運動、保持情緒穩定、均衡飲食、預防便秘、定期測量血壓等；糖尿病保健：則須注意飲食、運動、藥物三者之配合，經常監測血糖。綜觀這些慢性病之日常生活保健，與每個人都該做到的健康行為（每天吃早餐、規律三餐、維持適當體重、不抽煙、適量飲酒、每天睡七至八小時、每周二至三次每次三十分鐘運動）有許多雷同之處，因此不論生病與否，發病前後，為維持健康，每個人都應做好最基本的個人保健。

㈣老年時期

　　不論對女性或男性，老化是生命的一個過程，但如何界定，以女性而言，更年期是個明顯的指標，由於現代人平均壽命延長，如何面對更年期似乎變得比過去重要許多，近來許多人為了是否須補充荷爾蒙感到困擾，於一九四〇和一九五〇年代，更年期婦女服用荷爾蒙是件非常普遍的事，後來由美國國家衛生研究院所提出的研究顯示，女性使用動情素和黃體素混合劑（即荷爾蒙補

充療法，簡稱 HRT）五‧二年後，乳癌罹患率提高 26%，心臟病29%，中風 41%，而骨折降低 24%，大腸癌降低 37%，乳癌之增加在三年後才顯著，然而心臟病之增加在一年後就出現，因此造成婦女們極大恐慌，的確藥物之使用有其限制但也有其必要性，應視個人需求而定，如果因更年期帶來許多不適，為減輕其不適，應可考慮使用，使用的原則是「劑量愈少愈好，時間愈短愈好」，如長期服用應評估可能產生的風險。更年期所造成的困擾，是因內分泌的改變，對生理與心理產生一些影響，常見徵狀如：熱潮紅、盜汗、失眠、陰道乾燥、骨質疏鬆等，現階段醫界的看法，更年期不是疾病，是自然老化現象，不一定需要服用藥物，可由預防保健著手，預防更年期症狀最好的方法是停經前養成好習慣：注意飲食及生活模式、維持理想體重、避免菸酒、加強負重運動、定期檢查膽固醇及血壓。至於心理上的調適是要能接受老化的事實，視為重新出發的人生階段，保持自信心，培養新的興趣，樂觀面對此必經過程。

對男性而言，隨年齡增加，男性性功能、性荷爾蒙及製造精蟲的能力也都會衰退，只是這些現象並不顯著，因此常被忽視，如果以性功能、性荷爾蒙及製造精蟲的能力來定義，男性仍然有更年期存在，此時期的男性仍應注意保健，避免菸酒，注意飲食與運動，及良好的壓力調適。

二、由橫向面（日常生活實踐）

一個人從早到晚會從事的行為很多，包括要吃三餐、要工作、

要運動、要休息，這些行為均與健康息息相關，如吃三餐要注意飲食營養攝取，運動要注意能強化體能，工作時要注意姿勢及視力保健，享受美食須有很好的牙齒；為追求健康，每個環節都很重要，缺一不可，必須由日常生活實踐面一一介入。

(一)飲食營養

　　每日三餐除提供身體所需的營養，並補充活動所需的熱量，不論為何而吃，「民以食為天」凸顯吃在我們生活中的重要性，既要吃得美味又要吃得健康，須注意營養均衡且熱量要節制，因此，飲食攝取應經常自我評量，以 5W 為例說明如下：

- Why（為什麼要吃）：肚子餓了？吃飯時間到了？無聊？心情不好？
- When（什麼時候吃）：一天要吃三餐，餐餐重要，不可缺少任何一餐。
- What（吃什麼）：六大類基本食物應有一定比例之攝取，依衛生署每日飲食指南之建議，每日應攝取二份水果、三碟蔬菜（天天五蔬果）、三至六碗飯、二至三湯匙油脂、二至四份肉魚蛋豆、一至二杯牛奶。
- How（怎麼吃）：應細嚼慢嚥，使食物在口腔中經咀嚼並與唾液充分混合初步消化。
- Where（在哪裡吃）：養成只在固定的地方吃東西，如：餐廳。

　　此外，對食物之選擇建議如下：新鮮少加工食品、注意食品成分標示、食物多樣化攝取、注意烹調方法、養成吃飯配菜習慣、

少蘸醬料吃食物原味、養成喝牛奶習慣。

㈡身體活動

近年來許多研究均指出活動量不足會帶來許多健康問題，尤其是心血管疾病，要改善這個問題當然要注意飲食攝取，運動也是不可或缺的部分。雖然運動有益健康，但是否會帶來傷害？活動本身是否能有效改善體能？均須評估，過猶不及，並非多多益善，仍須有所節制，如何能做得恰到好處又不會帶來傷害？

以教育部所提出333的口號，說明提升體能之運動原則如下：每周運動三次，每次運動三十分鐘，運動時心跳應達一百三十下，運動目的乃為提升體能，因此，運動時運動強度須達有效強度，運動強度計算方法如下：

有效的運動強度：最大心跳數的 60%~80%

最大心跳數：220 －年齡

> 以一個二十歲的人為例：
>
> 最大心跳數為 220 － 20 ＝ 200
>
> 有效的運動強度為 200 × 60%~80%＝ 120~160

㈢正確姿勢

為避免腰痠背痛發生，日常生活中及工作時應使腰椎保持正確的姿勢，日常活動的姿勢不外乎站姿、坐姿及睡姿，須時時注意這些姿勢之正確性，以減少傷害發生。正確姿勢（謝霖芬，1994）說明如下：

站姿：頸部及胸部自然挺直，下巴內縮，腰椎維持自然的前
　　　傾。

坐姿：背部緊貼椅背，臀部與椅背間無空隙，必要時可在腰
　　　部與椅背間加個小枕頭或墊子，使腰部得到良好支
　　　撐。

睡姿：睡覺時枕頭不宜太高或太低，高度以能使頭部保持平
　　　直且下顎稍內縮的姿勢為宜，最好採側臥，可使背
　　　肌、軟骨及神經放鬆，習慣平躺者，可在膝蓋後方加
　　　個枕頭或墊子，使膝蓋微屈，以放鬆背肌及神經。

工作時：當物品置於高處，考慮提高重心（須利用梯子）減
　　　　少頭向後仰的機會，物品置於低處時，採蹲姿降低重
　　　　心，減少彎腰的機會。

㈣視力保健

　　台灣學生的近視盛行率對學生的健康而言是一大隱憂。根據
一九九五年衛生署委託台大醫學院調查顯示：學童近視盛行率國
小一年級為 12%，六年級為 55%，國中三年級為 76%，高中三年
級為 85%；而一九八六年的調查顯示：國小一年級為 3%，國小
六年級為 28%，國中三年級為 62%，高中三年級為 76%。十年來
學生近視率不斷攀升，反觀國外的狀況，新加坡華人高中畢業生
近視率為 78%；日本高三學生的視力不良比率為 57%；而美國一
般人口近視率約為三分之一；至於歐洲則更少（林隆光，1997）。
近視的發生與長時間、近距離用眼習慣不良有密切關係，過去政
府曾大力推動的視力保健，何以成效不彰？是升學壓力惹的禍？

抑或與飲食精緻化有關？不論原因為何，現況是盛行率高，嚴重性（高度近視）也高，值得我們積極去思考因應對策。

(五)口腔保健

依據學校衛生法之規範，學生在各求學階段都必須接受健康檢查，而健康檢查發現的問題隨年齡不同而有差異，以目前我國學童的健康而言，齲齒是主要健康問題之一，姚振華、陳秀賢、張學祿、黃耀慧、徐碧惠（2003）更對台北市學齡前兒童進行齲齒流行病學調查，其齲齒率約維持在 58%至 59%間，因此，許多校園口腔保健活動均著重在齲齒防制，包含餐後潔牙計畫及含氟漱口水計畫（邱耀章，2003），然而隨年齡增加，學生之口腔問題除齲齒外又有牙周問題發生。

蕭裕源、王敏瑩（1996）在青少年牙周調查中發現，十九歲牙結石為 80%至 86%，長庚醫院（1999-2001）之研究，十八歲的人有牙周治療須求占 83%，而陳秀熙（1999）由全民健保資料分析，得知齒齦及牙周病之盛行率，自十至十四歲後急速增加。日本大學生牙周組織異常須專業治療占 78%（田中秀高等，1988），另外世界衛生組織一九九〇年（引自 Miyazaki et al., 1991）的資料也顯示，十五至十九歲以 CPI 指數為 2（屬有牙結石）居多，可見國內外資料顯示青少年牙周病盛行率高。尤嫣嫣、賴弘明（2003）對中原大學新生牙周的檢查發現，牙周破壞程度尚屬早期，然牙周病的罹患率高達 98.4%，而大家對牙周病防制的認知又不足，須及早發現問題並積極介入改善計畫，以維護口腔健康。

筆者曾以系統抽樣方式抽取中原大學九十二學年度大一新生

二百五十人（男一百四十三人，女一百零七人）為對象，探討大學生口腔現況及口腔衛生習慣。結果發現：*1.*口腔現況：大學新生牙周病之罹患率為 98.4%，CPI 顯示以牙結石為最多，占74.4%，顯示須加強口腔衛生教育及清除牙結石；至於嚴重度CPI以2（牙結石）最高，顯示牙周破壞尚屬早期；而齲齒率除 57.6%的人無待填補齲齒外，以一顆齲齒最多占 19.2%，齲齒最多者可達十一顆，齲齒填補最多者高達十七顆，男女、縣市均有差異。*2.*潔牙行為：每日刷牙次數以早晚二次居多（82%），超過二次占 6%，少於二次者也不少，占12%，且女生刷牙次數高於男生，差異具顯著性，另刷牙次數與齲齒率成負相關。使用牙線只占17.6%，每日使用牙線又只占其中的三分之一，顯示大多數未能每日使用牙線潔牙，僅在塞牙縫時使用，而牙線之使用以來自父母（32.3%）及牙醫師（26.9%）之建議為主。由研究得知，大學新生對齲齒多能積極接受治療，但對牙周之防制則多未能落實，有待學校口腔衛生教育之加強。

　　因此，在校園口腔保健活動之推動上，非只局限在齲齒防制方面，更須加強牙線之使用，使潔牙行為更為完整，始能完全解決學生的口腔問題，但牙線操作不易，須有專人正確教導，方能達到成效，而一般人學習使用牙線，均來自牙醫師之建議，醫師於治療之餘，能教導正確使用牙線之時間有限，為使牙線使用能落實，勢必由學校教育扮演起這個角色。

肆　結論

　　本文試著由身體健康之重要性出發，進而凸顯應從小做起的保健工作，由於人的生理機能運作是不可分割的個體，身體各部位的感覺也是互相影響，我們必須整體來思考，無法切割視為獨立的部分，因此，全人的保健觀極其重要，面對一個人的問題應經常以全人的觀點來思考，即使先由小部分切入，最終仍應回歸整體面來考量，以求其完整性與唯一性。

問題討論

1. 試著回想當你正忙著準備考試，卻因為身體不舒服而無法專心時，你的反應會如何？
2. 一個人無法長期維持良好健康行為，你認為原因何在？
3. 當你因為疾病必須用藥，又擔心藥物會產生副作用，你會怎麼做？
4. 想想你目前的健康情形，如果要你給自己打分數，你覺得自己的健康可以得幾分？（滿分以一百分計）
5. 隨著年齡增加，你覺得當你年紀大時得慢性病（如：高血壓、心臟病、糖尿病等）的機率有多高？為什麼？

參考文獻

尤媽媽、賴弘明（2003）。大學生口腔現況及潔牙行為之研究。
　　中華民國學校衛生學會第二十二屆學術研討會。

田中秀高等（1988）。Epidemiological Study of Periodontal Disease
　　－ Mass Examination in University Students with CPITN. *Journal
　　of Japanese Association of Periodontology, 30.*

行政院衛生署（1995）。國民口腔保健——牙齒的新希望。中華
　　民國牙醫師公會全國聯合會。

行政院衛生署（2004）。健康促進學校指引。

林隆光（1997）。**學童視力保健**。台北：健康。

邱耀章（2003）。推動校園口腔保健計畫對學童口腔狀況成效的
　　探討。高雄醫學大學口腔衛生科學研究所碩士論文。

姚振華、陳秀賢、張學祿、黃耀慧、徐碧惠（2003）。二〇〇二
　　台北市學齡前兒童齲齒流行病學調查。中華民國學校衛生學
　　會第二十二屆學術研討會。

教育部（1999）。加強學童視力保健五年計畫。

陳秀熙（1999）。全民健康保險資料於健康促進及保護政策之分
　　析與應用。中華民國公共衛生學會。

劉秀娟（1999）。**兩性教育**。台北：揚智。

蔡蔭玲等（1999）。台灣地區六至十八歲人口之口腔調查。行政
　　院衛生署八十八年度下半年及八十九年度科技研究發展計畫。
　　長庚紀念醫院。

蕭裕源、王敏瑩（1996）。台灣地區青少年牙周情況之調查報告。
中華牙誌，15(3)。

賴弘明（2003）。社區牙周病篩檢與臨床隨機介入試驗。台灣大
學預防醫學研究所碩士論文。

謝霖芬（1994）。告別腰酸背痛。台北：健康。

Miyazaki, H., Pilot, T., Lecleroq, M. H., & Barmes, D.E. (1991). Profi-
les of periodontal condition in adolescents measured by CPITN.
International Dental Journal, 41.

科學篇

科學與人文的整合在全人教育中的意義和展望

李清義

科學與人文整合的必要性與當今的發展契機

　　長期以來自然科學與人文社會學科的分道揚鑣，使得兩造之間存在著一條極大的鴻溝，人類的整體知識似乎分裂為涇渭分明井水不犯河水的兩個體系，各擁不同的研究對象與研究方法，各行其是。於是科學家與人文學者長期下來便形成氣質迥異的兩個團體，正如查爾斯‧史諾（C. P. Snow）在其經典名著《兩種文化》（*The Two Cultures*）中所形容的：「他們幾乎完全不和對方溝通，他們在理性、道德和心理氛圍上，幾乎沒有一點共通性……文學知識分子在一個極端，科學家則在另外一個極端……兩個集團有著無法互相理解的鴻溝，有時甚至對對方帶著討厭或敵視的態度（特別是有些年輕學者）。他們中的絕大多數人對對方都缺乏了解。在他們心中，對方的形象非常奇怪、扭曲。他們生活態度的差異非常大，以至於在情感層次上，也缺乏共同基礎。」

　　史諾的這一番話說於一九五九年劍橋大學一年一度的「瑞德講座」，相關的議題至今仍然受到重視，也不時引發熱烈的討論。由於科技的飛躍一日千里，物質生活不斷提升，相反的，人類的精神生活整體而言，不僅看不到有建設性的成長，由於社會的快速變遷，卻反而看到現代人心靈的空虛和困阨與日俱增。飛機與手機的發明和普及並功能的日新月異，使現代人的交通和通訊無遠弗屆，然而不可諱言的，人與人之間的距離和關係不僅沒有更

加靠近，反而是益發疏離。

　　近年來國內有愈來愈多有識之士開始關切這個重要課題，爰是，幾年前由國科會與《聯合報》共同舉辦了一場「科學與人文的對話」研討會，聘請兩造多位重量級的大師經過幾天深入的對談，社會大眾莫不寄予無限的厚望。豈知會後，《聯合報》為整個大會所報導的總結竟然是「雞同鴨講，各說各話」八個大字，令人慨嘆不已。從史諾一九五九年在劍橋大學的那一番話，一直到幾近半世紀之後的今天，這種橫亙於科學與人文之間的隔閡和鴻溝，似乎未見基本的改善，至少在國內是如此。原因多起，其中一個非常關鍵的因素，乃在於行之幾十年來的升學主義所導致的教學僵化，以及大學聯考的方式引起高中年輕學子的興趣窄化，使得科學與人文的分化過早於一個人學習的黃金階段發生，以致一生視另一個領域為畏途。這樣的情況尤以主修人文社會學科的知識分子更加普遍一些，或許與國小至國中因為升學掛帥所導致自然學科教學的刻板與形式化有關。剛開始尚未引起適當的學習動機之前，就拋出過度嚴肅的課題內容，缺乏創意性、趣味性和啟發性的鋪路，很容易扼殺學童和年輕學子的學習意願，學習只變成一種毫無享受成分的忍受過程，效果當可想見。

　　誠然，最近幾十年來電視的普及，偶爾會有一些介紹自然界現象或自然科學的影片出現，對於科學與人文之間的隔閡多少會產生某些彌補作用。而在史諾揭櫫所謂兩種文化之嚴重性的時候，也就是一九五○年代的英國，電視還不是那麼普遍，因此其潛在的影響力沒有能夠在史諾展望未來時帶來多少助益，即使在家家戶戶至少一部電視以及光碟等資訊產品和網路大為流行的今天，

加上一些發展自然科學普及化的機構如Discovery等的極力推動，科學與人文之間的鴻溝縮減還是非常有限。

　　從另外一個角度來看，現代人在高科技產品方面的使用機會愈來愈多，可以說幾乎已經到了觸目皆是的地步。照理說，社會大眾對於科學的認識並其在人文社會方面的意涵之體會應該與日俱增才是。然而事實顯然不是如此，其中一個重要的原因在於，由於商業化和普及化的基本考量，日常生活中的高科技用品在設計與製造上均力求簡單容易，對於大多數人文和社會學科的知識分子以及一般社會大眾而言，其相關的科學原理和科學精神則仍然莫測高深地隱藏在面板後面的黑盒子裡面。除了相關的廠商和科技研究者之外，任何人都不需要花任何精神去了解電磁學原理等，就可以按照簡單的操作規則來達成使用目的。高科技產品只是提升大眾生活便利性的手段，而數理科學內在可能蘊含的真、善、美並其在人類心靈活動中的豐富意涵，幾乎仍然未獲整個社會應有的注意。顯然，天真的寄望於高科技的益發普及這件事本身就可以順理成章地帶來科學與人文的整合，不啻是一廂情願的想法罷了！因此，從基本面扎實的努力，逐一找出兩造之間可能存在、卻鮮少獲得當有之注意力的會通關鍵，應該是學術界責無旁貸之事了！藉著這些會通關鍵的開啟，得以在兩造之間互相注入新鮮的學術活水，以致漸漸進入整合的境界。

　　直到二十世紀下半葉，由於從自然科學與人文社會學科兩個主幹分別所成長延伸的學術研究分枝益發的向四面八方擴展，也益發密緻，以致兩者反而在這些細微的地方開始又回頭連接在一起。舉例來說，針對人本身的研究而言，長期以來，自然科學從

生物學的基礎出發，經由解剖學、生理學、遺傳學等各種分支，對於人的物質身體展開全面性的反覆實證的研究。同時，在人文社會學科方面，早期的心理學家和社會學家也從人類個人的精神和心理活動以及人際關係與結社等各種現象，對於人的精神活動展開各種探討，心理分析、精神分析、諮商輔導、社會心理學等學門均曾蔚為風行，只是研究範疇與方法和前者顯然有各自為政或本位至上的嚴重隔閡。及至二十世紀後半葉，由於腦神經科學的快速發展，人們開始了解，人許多原本被認為純粹是精神上或心理上的問題或疾病，被發現有生理上的重要原因。在此，我們看到科學與人文整合的明顯跡象。在二十一世紀的今天，這種整合的輪廓和氛圍也紛紛在其他領域中陸續地呈現出來，即使是表面上相差了十萬八千里的物理學和社會學，也開始出現一些整合的新學門來，例如所謂的社會物理（sociophysics），就包含了從已知的統計物理理論來探討社會上的群體行為模式，或團體動力學、社會變遷、各式各樣的選舉和政治立場之消長等有趣問題。

 ## 科學與人文整合的傳統障礙與迷思

當然，從另一個角度來說，科學與人文若要進行真正有意義的會通和整合，科學本身也必須以非常誠實和謙遜的態度，對於它自己的基礎從事一番相當客觀和冷靜的自省，才更加符合所標榜的科學精神和意義。盲目的理性掛帥和自負的科學主義反而會讓這件有益的工作和努力付諸流水，甚至將雙方整合的意願和遠

景破壞殆盡，造成人類文明不可估計的損失；而把嚴格說來並非真正經過反覆實證的假說當作客觀的科學事實強加諸人文的價值體系，當會造成後者的強烈質疑和反彈，更重要的是這樣的衝突在兩造真心邁向整合的過程中，會帶來莫須有的負面示範。

　　例如，演化論多年來已經在學術界和教育界被當作有關人類起源的唯一事實看待，而平心靜氣地說，它真的是合乎反覆實證之基本前提的科學結論嗎？抑或嚴格地說，它只能算是一種假說，與二十世紀初所發展出來，歷經多年多次多方反覆證實的相對論和量子力學不可同日而語。儘管許許多多的人為它趨之若騖，並不遺餘力地大力鼓吹，甚至到今天它已經達到了穩如泰山的地位。許多人誤以為，有些人之所以反對演化論，純粹是由於宗教信仰的立場所致。真正冷靜的科學家，如果夠誠實的話，當能同意它到目前為止還只是個假說而已。然而像國際知名的地質學家許靖華博士這樣的科學家究竟有幾人？他客觀地對這俗稱的「進化論」提出適當的質疑，卻引來同僚和其他科學家們對他的攻擊，甚至他甘冒「為教會說話」之科學界的大不韙也在所不惜；顯然，他的論點頗為鏗鏘有力，否則其他科學家只要能提出適當的辯駁就可以了，為何還需要冒出像「為教會說話」等這類的情緒性話語？而「進化論」之產生爭議其實就表明了，它還不是一種真正算是「反覆實證」的結論，至少真正經過「反覆實證」過的相對論或是量子力學，就不至於造成類似的爭議。《科學人》雜誌（Scientific American）的專欄作家薛莫（M. Shermer）最近不止一次表達為什麼還有人不接受演化論的「困惑」，他說道：「要反制創造論，需要積極的科學教育，並證明演化論為真。」又說：「光是

數落創造論的錯誤是不夠的，我們還必須證明演化論是對的。」
（薛莫，2002）這明顯表明演化論至今尚未被證實為真！當然各
種不同詮釋版本的創造論同樣至今也無法經過反覆實證的過程被
證實為真，只是一般創造論的支持者通常會表明這是個人的一種
信仰；反之演化論的支持者通常會替自己撐起科學的旗號，鼓吹
科學比信仰客觀，而對對方嗤之以鼻。這種不夠誠實的態度只怕
會加深真正科學與人文之間的鴻溝，實在是值得自認客觀的科學
工作者深刻反省的一件事。

　　另一方面，許多人文學者長期以來大部分缺乏對於科學與科
學發展之興趣，久而久之，隔閡益形加深，這種情況尤以國內為
甚；反過來說，也有很多科學家和高科技工作者缺乏適度的人文
素養或薰陶。在美國這樣的隔閡或許還不致如此嚴重，美國多年
來比我國更加重視通識教育，這當然也與兩國的文化社會背景和
升學方式等差異有關。受過美國大學通識教育的學生，一般說來
他們就能夠讀懂《紐約時報》、《科學人》、《華爾街日報》《紐
約客》、《經濟學人》等書報雜誌，並且會養成終身閱讀的習慣。
以許多知識分子經常閱讀的《紐約時報》為例，它周日分量達兩
百多頁的報紙竟然涵蓋國際時事、新聞評論、財經金融、體育、
旅行、書評，加上科學、文學、宗教、語言、考古、音樂、舞蹈、
戲劇等等（高希均，2003）；而水準非常高的《科學人》雜誌也
是在一般知識分子當中廣受歡迎的科普讀物。值得慶幸的是，近
年來台灣科普讀物也愈來愈得到許多年輕知識分子的喜愛，長期
下來可望慢慢改變目前科學與人文之間的隔閡狀態。

　　最近這些年開始有一些科學家踏出自己的藩籬，以科學的思

維與價值，進軍人文領域，有所謂新第三種文化的崛起（有別於原先史諾的第三種文化之意涵），正如布羅克曼（John Brockman）在其名為《第三種文化》的大作中所揭櫫的許多例子，只不過稍微令人遺憾的是，其中大部分科學家多少還是從某種科學本位主義出發，多少還是陷在科學至上的迷思裡。只有英國牛津大學的數學物理學家潘洛斯（Roger Penrose），他從比較持衡的角度展開他的探索，在其轟動一時的大作《皇帝新腦》中，他由人工的電腦出發，深入探討檢視理性數學邏輯推衍的過程和意識等相關課題，說明人類理性運作存在某些規範，引起諸多討論。一九九四年他又出版了一本延續性的著作 Shadows of the Mind，再度引起學界的熱烈討論（Penrose, 1994; Chalmers, 1995; Baars, 1995; Globus, 1995; Klein, 1995; Feferman, 1995; Penrose, 1996）。總結地說，由於科學與人文各學門不斷分化與深化的結果，我們看見科學與人文其實並未漸行漸遠，反而在各個細微之處逐漸重新連結了起來，如同人體的動脈與靜脈也是藉著末端的微血管連結成一個整體的循環系統，身體的生命於焉發展，生生不息；同樣，心靈的生命也需要藉著科學與人文在細微之處的連結而走出困頓，帶來會通圓融的生命境界。

 「科學」精義的再思──邁向科學與人文會通整合的起點和關鍵

長期以來，許多人以為科學在乎求真，藝術在乎求美，信仰

在乎求善。因此，各有所求，各行其是，各自為政，井水不犯河水便罷。尤其自近代科學萌芽以來，這樣的發展益發明顯，科學與人文學者之間的隔閡益發加深，直到二十世紀中葉，甚至已經到了水火不容的地步，如前面史諾所揭示的。然而，如此一來，在現代人心靈中卻也產生嚴重的人格割裂和失調狀態，直接間接引起諸多難以解決的社會問題。根本之計，癥結所在或許源於我們對上述區分的輕率與漫不經心，我們誤會各個表面上不同領域的真實意涵，我們的膚淺和短視使我們以為它們乃是風馬牛不相及的東西，摸不著它們各自生長之沃土底下的共同根源。偶爾出現的偉大天才，之所以為人類帶出繼往開來的重要成就，常常是觸及這個共同根源的睿智心靈，牛頓（Sir I. Newton）與愛因斯坦（A. Einstein）便是值得深入了解的重要例子，他們顯然不是一小撮單單只會逗弄樂高「物質」玩具的科學怪胎罷了。從十五、六世紀以來，以至二十世紀，許多偉大的科學家都是在音樂、藝術、文學、信仰蔚然發展之歐洲所孕育出來的，他們是這種人文薈萃之社會環境薰陶下的結果。

　　在此先以電學大師法拉第（Michael Faraday）為例稍加說明，雖然他只有小學畢業，卻為堪稱現今高科技之母的電磁學打下重要基礎，帶出劃時代的貢獻，馬達與發電機的原理都是他發現的傑作。二十世紀初著名的物理學家拉塞福（Ernest Rutherford）說道：「我愈了解法拉第的研究，就愈認識到，他是人類歷史上最傑出的實驗者，最聰明的自然哲學家。當我明白，他的發現對科學、工業影響深遠，我不得不讚嘆他是貫穿歷史時空最偉大的發現者。」一九三一年九月二十三日，電機工業百年紀念日在英國

倫敦舉行。有位傑出的科學家在講台上講道：「我相信法拉第對
普世的影響永遠沒有止境，他在電磁場所留下的觀念，未來的世
代還會繼續去探討。」這個科學家天才洋溢，傲視群倫，但是在
他的書桌前，放了三位他所敬佩的科學家畫像，分別是牛頓、法
拉第、馬克斯威爾（J. C. Maxwell），這個演講的人就是愛因斯坦
（張文亮，1999）。法拉第是個非常富詩意的人，不是一個冷漠
的科學家，反而對生命本身充滿熱情和盼望，擁有真性情和赤子
之心，我們從以下他論到「愛情」的這首詩可見一斑：

什麼是一個高貴的生命？無可救藥的疾病？
使他不斷地纏繞在尋找一個妻子的思念裡，
喔！是愛情！
什麼樣的能力能夠擊垮一個男人最堅強的意志力？
使他嘆息、刻意打扮，和擁有一張愚昧的臉，
喔！是愛情！
什麼樣的力量，讓男人反反覆覆地想去找個女朋友？
難道我已經簽了感情的賣身契？
難道我的頭腦分析不出這種力量的主成分？
難道我就是注定要謙卑地承認有這需要？
喔！是愛情！
決定冷靜，用智慧判斷，用意志力駕馭，
結果，明天的他仍如一匹脫韁的野馬，
愚昧地在漫無目的的草場奔跑，
喔！是愛情！

誰說愛情是美好的？我說那是人的不幸，

誰說愛情是分享的？我說分享的有好也有壞，

誰說愛情讓人成熟？我說那只有使人心更加怠惰與幻想，

喔！不過是捕風罷了！

當那帶著愛情之箭的小天使，飛到我身邊，

我會把他趕走。

一顆崇高理想的心，不該是他遊戲之下的箭靶，

靜靜地讓愛情的催逼過去，慢慢地讓愛情的腳聲遠離，

我拿起我的書本閱讀，我尋找那些人性真正的美德，

忽然，我聞到花香，

天啊！我怎麼又來到愛情繽紛的花園中？

愛情啊！我是妳影響不了的鐵漢！

妳不要再靠近！請妳快快離開！（張文亮，1999）

　　此外，法拉第也喜歡音樂和唱歌，年輕時在自組的讀書會中，不僅討論與科學有關的主題，看來與科學無直接關係的，甚至如「論睡眠迷人的地方」、「論女性提早就業之道」、「論辯論」等廣博的主題，也都在他們的探討之列。通識精神和氣氛瀰漫在他一生從事科學研究的生命裡，如前所述，他顯然不是只會在實驗室中忙著東拼西湊、沈溺在樂高「物質」玩具的科學怪胎罷了。他固然窮畢生之力，善用理智於發掘自然界中的規律和真理，他也在理性最豐富的深處，藉著單純的信心觸及理性本身無法把握的背後根源。法拉第說道：

我相信理智是好的，可以幫助人尋求上帝；但是單靠人
的理智，最後無法找著上帝，因為人不是上帝。人是尊
貴的，不只是因為人能夠管理萬物，而是在人的裡面有
一種對於無限的敬畏，對永生的期待。我相信，人類即
使竭盡所能，仍然沒有能夠洞徹未來的知識，這些知識
必須來自上帝的教導，這是人必須用單純的信心，去接
受《聖經》的原因。

不過我希望大家不要誤解，認為既然理智無法洞察未來、
理智無法真正找到上帝，人就因此放棄自己應盡的責任。
我不認為相信上帝的信心與相信一般事情的信心，有絕
對的分別。我認為相信地上的事情與相信天上的事情，
是一樣的信心，很多人寧願相信地上的，不肯相信那至
高之處的美善，那是人性的軟弱。我相信：「上帝的永
能和神性，是明明可知的，雖是眼不能見，但藉著所造
之物就可以曉得，叫人無可推諉。」（羅馬書一：20）
藉著所造之物來認識看不見的上帝，與藉著所見之物來
認識背後的法則，這兩種認識並不互相對立。（張文亮，
1999）

　　除了牛頓和法拉第以外，近代科學發展史上的重要人物如哥
白尼（N. Copernicus）、刻卜勒（J. Kepler）、伽利略（G. G. Gal-
ileo）和馬克斯威爾等，幾乎都是觸及背後那難以言喻之共同根源
的科學家，也是信仰虔誠的基督徒。愛因斯坦說道：

> 我無法想像內心沒有深刻信仰的科學家。由於了解，人
> 類獲致不受個人的希望和欲望影響的成就，並因而保持
> 對那蘊含在存在之內的光榮理性的謙卑心靈，這理性最
> 豐富的深處，是我們所無法把握的。（巴伯，2001）

　　「這理性最豐富的深處，是我們所無法把握的。」的確，唯
有像愛因斯坦這般的天才和智慧，才能真正體嘗自然界所呈現的
真、善、美之精髓，直指背後的共同根源；他深刻體會理性發揮
到極點時所經歷無以名狀的奧妙，終至發現這最深處的共同根源
竟是理性本身所無法把握的！由衷慨嘆自己的渺小之餘，只能張
口結舌，謙卑恭謹地面對這至大超然的至終存有。不禁讓人想起
孔夫子的慨嘆：「夫復何言！」以及老子的洞見：「道可道，非
常道；名可名，非常名。」可道可名者，乃理性所能及之真理的
外貌或淺層，而最豐富的深處，誠如愛因斯坦所說，是我們所無
法把握的。這又讓人想起《舊約聖經》所記載的先知以賽亞，當
他因著超然的經歷親眼目睹上帝的榮耀時，謙卑俯伏在極度震懾
的情境中；《新約聖經》也記載使徒保羅在前往大馬士革迫害基
督徒途中，面對大光，也仆倒在地，從當時一個盛氣凌人的名門
學者瞬間轉變成一個謙遜的門徒。或許孔子、老子、愛因斯坦、
以賽亞和保羅等人的外在表現各有不同，但是他們可以說是經由
不同的途徑或方式經驗到這無以名狀的至終根源，心靈深處融入
了前所未有的震懾悸動裡（overwhelmed）。
　　近來，有些相當聰穎的科學家在科學成就上堪稱一流，但是

他們可能尚未觸及愛因斯坦所謂的這最豐富的深處，以至於未能體嘗像愛因斯坦等人那樣正面的讚嘆和深刻的信仰情境，其中不乏一些諾貝爾獎得主，他們以為我們和宇宙的存在只不過出於偶然，他們心中激不起一絲憧憬的火花，科學研究本身成為他們的唯一慰藉，因為他們看不出大自然和宇宙有何意義，有些學者變得消極和悲觀。因成功整合物理上的弱交互作用（weak interaction）與電磁交互作用（electromagnetic interaction）而獲頒諾貝爾物理獎的史蒂芬・溫伯格（Steven Weinberg），就是一個重要的代表性人物，他在一九七七年時寫道，人類是孤獨地處在「充滿敵意的宇宙」，走向被遺忘的終點。他說，科學活動是在這個無意義世界中的唯一安慰：

> 我們對宇宙了解得愈多，就愈感到它本身是無意義的。
> 但是，即使我們在研究成果中找不到慰藉，至少研究工
> 作本身就是一種安慰……世上只有極少的事物能把人類
> 生活從一場鬧劇中提升出來，賦予它一種悲劇性的美感；
> 去了解宇宙的努力，便是其中之一。（巴伯，2001；
> Weinberg, 1977）

　　好一個聰明但是不快樂的傢伙！像溫伯格這樣的科學家倒是有值得讓人敬佩之處，那就是他既認真又誠實，他內心深處的孤寂和某種程度的鬱鬱寡歡，並對於信仰之所以有一種近乎憤世嫉俗的敵意，或許是和他的科學物質主義有關，與心靈深處浸淫於融合真、善、美之某種信仰情境中的愛因斯坦和法拉第又有何等

的不同！或許他不像愛因斯坦等具備音樂和藝術等方面的愛好和
薰陶，如同愛氏曾經回答問及他之所以成功的秘訣時所透露的：
「認真工作加上遊戲」（work hard and play），而溫伯格或許過
於認真，與他有一面之緣的人想跟他開個無傷大雅的玩笑，大概
都會躊躇再三吧！而愛因斯坦則顯得平易近人得多。雖然沒有人
可以證明他的小提琴和音樂等方面的愛好與他的曠世物理成就有
何直接的關聯，但是，比較可以確定的是，一個從來不拉小提琴
也沒有任何其他嗜好、整天埋首物理研究的愛因斯坦，似乎難以
成為日後真正的愛因斯坦，上述他自己所透露的秘訣誠非戲言。
不管現今有關莫札特（W. A. Mozart）或古典音樂有益數理思考的
傳言是否屬實，從當今腦神經科學和全人教育的觀點來看，專業
外的通識薰陶，不僅有益於一個人均衡的整體發展，反過來也有
助於擴大專業上的創新能力和延伸潛力。

　　從另外一個角度看，一個不能欣賞大自然之美和各種音樂、
藝術和文學等之美的人，縱使他傾全力致力於物理等科學上的求
真，當然不會徒勞無功，一無所獲，只是，他可能無緣於領略真
理本身更整全的規模，如同瞎子摸象，他可能真真實實摸到了象
腿，雖然比許許多多什麼都沒摸到的凡夫俗子更加地偉大，卻未
能一睹全象之丰采，殊為可惜。真、善、美表面上或許獨立，實
則連結於背後的共同根源。愛因斯坦等人擁抱三者，終能觸及背
後那整全的根源。單單執意於真本身而已的聰明人，至終可能求
得一個殘缺的真，若果領略到某種的美，也是一種殘缺的美，正
如溫伯格所言「一種悲劇性的美感」罷了。這樣的情境導致一個
人近乎憤世嫉俗，要不然就是內心深處的鬱鬱寡歡，當然也就難

以漸漸發展而邁入圓融喜樂的生命境界。

　　這真、善、美與《聖經》中所謂長存的有三之信、望、愛相互呼應，唯有藉著信才能與理性一同擁抱真理的全貌；唯有真正看見最深處的豐富之美，我們才能發現真正的盼望；唯有真正經歷並融入那至深的捨己之愛，我們才能體會到真正的至善。

　　雖然真、善、美本於一，從人類歷史發展來看，求真這件事或許是務實層面上的當務之急，具有關鍵性的意義，適於讓我們藉此展開一連串的探索。

　　自從有人類開始，由於生存的基本原因，人總是必須使用他的智慧，在所處的環境中面對現實去解決他生活上的各種需求。在他解決所面對的問題、困難或挑戰時，他必須馬上學會的功課是，呈現在眼前的到底是怎麼樣的一回事，唯有弄清楚問題所在，才能對症下藥。就如俗話說的，一個正常的人不會畫餅充饑，也不會望梅止渴。換言之，人基於迫切的生存理由，必須很務實地看清現實處境中的各種客觀事實、真相或規律，並據以知道該採取怎樣的正確態度或行動。例如，再怎樣期待農作物快快長大結實，他也知道不能揠苗助長。從擁有世界上最多的人口這件事來看，我們就可以知道，中國人是世界上最為務實的民族；務實的意思就是很樂於尋找所面對情境的真相或真實情況，並積極地針對這個實際狀況來回應或加以解決。雖然從起初，人在面對許多自然環境中不可抗拒的困難時，會呼求上天的佑助，不過，中國人的老祖先早已曉得天助自助的道理，明白聽天命之前，必須務實的盡人事。因此，我們看見，從最原始的身體生存之基本需求開始，人就必須學會發現真相，這可以說是人的原始本能。當然，

這個層面的真相探索所涉及的主要是關乎這個看得見的世界或自然界，除了生存的原因，再加上人類好奇和尋求意義與和諧的特質，逐漸衍生發展出自然科學來。

科學，尤其所謂的自然科學，其主要目的在於探索整個宇宙和自然界的真相或真理，特別是藉由一套公認客觀可靠之系統方法所獲得之知識體系。雖然這樣的一種探索自人類有文字記載以來就已經普遍存在，只是在古代，這樣的知識比較停留在個人主觀的體會上，儘管大部分人的主觀體會經常有所謂英雄所見略同的一致性，構成所謂的常識，不過這一類的知識固然在經驗上常常符合直觀上的判斷，後來我們總是會發現它們至終與真相相違，而這樣的發現通常是等到反覆實證的近代科學方法萌芽之後，才陸續顯明出來，我們將在稍後的篇幅裡看見這樣的例子。

在眼前的生命不致受到立即的威脅、生活不虞匱乏或面對精神上的困阨時，人很自然會開始思索生命與存在背後的意義之真相是什麼，逐漸衍生發展出哲學與神學上的研究來。而文學、音樂、藝術等表面上看似乎純屬主觀的精神活動，其實不也就是要表達個人內在的真實感受，或是感情層面的真實狀態？獲得更多人喜愛或共鳴的作品，豈不是表明了它的確表達或表現了許多不同的人內在一致的真實感受、真實的感情狀態或無法言傳的內在真相嗎？正如《文明的躍升》作者布羅諾斯基在他另外一本意義深遠的著作《科學與人文價值》中，非常中肯地敘述道：

當考烈芮基（Coleridge）試圖要對「美」下定義的時候，他總是要回歸到一種深刻的思想中來；他說，美是

「多樣性中的一統性」（unity in variety）。科學也僅是
種尋求，想要在自然界的多樣性——或者更確切地說，
在我們經驗的多樣性中——去發現一統性。（布羅諾斯
基，1977）

在另一處他說道：

創造的行爲，是從事實的混亂、多樣中找出某種秩序。
科學家或藝術家，把兩件原不相干的事實或經驗拿來，
在其中發現了以前從未被看出的相似處，更進而指出它
們彼此間的這種相似，從而找出秩序，並且創造了多樣
中的一統性。（布羅諾斯基，1977）

　　牛頓的偉大乃在於，從當時外表看來似乎毫不相干、且各自
「有所變」之蘋果下落與月球繞地運動間，找到了「有所不變」
而且相同的內在自然律（萬有引力定律）。於外在諸多「無常」
中找著某些內在一統和「永恆」的腳印，這正是科學進步的真義，
而牛頓只是其中一位著名的代表性人物罷了（李清義，1995）。
　　關於科學、藝術、文學和音樂，布羅諾斯基進一步直指隱藏
在它們背後的共同根源，這個根源以不同的方式觸動科學家、藝
術家、文學家和音樂家的心弦，如同引發多種不同樂器的共鳴，
進一步又帶領聽眾和讀者一同躍入這包容萬有的宇宙性悸動裡，
進入這瞬息，啟動生命源，興奮難自已。英國詩人雪萊（P. B.
Shelley）是一個愛好科學的人，經常把科學的想法融入他的詩作

裡，許多批評家認為這只是雪萊個性中無關緊要的怪癖罷了，二
十世紀英國大哲懷德海（Alfred N. Whitehead）卻中肯地指出：
「事實上這正是他思想結構的主要部分之一，始終貫穿在他的詩
裡。如果雪萊晚生一百年，他將會成為二十世紀化學家中的牛
頓。」懷德海接著說道：

> 若要評價雪萊在這方面的成績，就須體會他是如何專注
> 於科學的觀念中。能夠舉以說明的抒情詩比比皆是。我
> 只要舉出《解放了的普羅米修斯》（*Prometheus
> Unbound*）第四幕就夠了。在這詩劇中，地球與月亮以
> 嚴格的科學語言在對話。他的想像由物理實驗引導著。
> 例如地球曾驚嘆：
>
> > 氣化凌霄不可羈！
>
> 這就是科學書中「氣體膨脹力」的詩化。我們再看看地
> 球這一段：
>
> > 夜塔轟天立，吾身運轉低。
> > 酣眠銷魂蠻語喜，好夢少年輕嘆息。
> > 鷩質蔭身處，光熱永相隨。
>
> 這一段詩只有在心中先有一幅確定的幾何圖像才寫得出
> 來；而那正是我經常在數學班上證明的圖像。（懷德海，
> 2000）

　　像愛因斯坦、雪萊這樣真正觸及這背後的共同根源時，就易
於觸類旁通，與其他領域之間的共鳴和交融就是如此自然了。這

似乎是真正天才的標誌，也是他們之所以能夠真實貢獻人類社會
的基本原因所在。換句話說，真正的天才和對人類有真實貢獻的
人乃全人均衡發展的有識之士，而非目光狹窄的偏執狂。正如布
羅諾斯基所說的：

> 科學的發現、藝術的作品，都是一種隱秘的相似性的探
> 究和發掘。發現者和藝術家在其中呈現爲自然界的兩面，
> 而且又將之融合爲一。這便是創造的行爲，新穎獨創的
> 思想由是產生。而這在創意的科學與創造性的藝術中，
> 是一完全相同的行動……在詩作中、在科學理論中，我
> 們以發掘的行爲再造自然。偉大的詩篇和深刻的理論，
> 對每個讀者而言都是新的；但同時也是讀者自己的經驗，
> 因爲他再創造了它們。而它們便是多樣性中一統的標誌。
> 在我們的心靈裡、在科學或藝術工作中，只要抓住了這
> 一點的瞬息，我們便會興奮得不能自已。（布羅諾斯基，
> 1977）

據此看來，科學與人文無非都在人不同的面向或領域尋求真
相、表達真理以致融入這一統的真理，雙方豈不一同擁有共同的
理想和目標嗎？相煎何太急呢？又何必水火不容地彼此攻訐呢？
或許在各自尋找或表達各自領域的真相時，我們卻疏於察覺更為
整全、更為基本的真相，見樹不見林，錯覺地以為對方動機可議；
以偏概全，將自己熟悉的、局部性的真相誤解為真相的整體或全
部；把自己駕輕就熟的探索方式奉為發掘真相或真理的不二法門。

如今我們才發現這個更基礎的真相，那就是，原來我們都是熱心求真、熱愛真理的兄弟，而非相互猜忌、各懷鬼胎的世仇。原來真真實實的真理是何等的善！何等的美！果然！真善美本一家！這才淺嘗宇宙與生命的圓融，期許全人發展真的會亨通。

　　科學與人文經過長期的隔閡，造成近代人的人格割裂和失落，逐漸在全世界各處聽見人們內心深處的吶喊。於是，我們發現近幾年來，世界上多個地方、多個層面紛紛湧現出共同的覺醒。雖然，科技界、企業界與教育界或政治界的動機和出發點或有不同，但是，這個普世性的覺悟對於科學與人文的整合並世界文明新一波的再造，具有重大的意義，也是全人教育正面發展的重要契機。首先，科技產業界為了滿足未來消費者的需求，競相投入大筆經費，聚集科學家、藝術家、音樂家、建築師、心理學家、人文學家等不同領域的人才，從事各種人類對於色彩、藝術、音樂、感覺和情緒等的反應狀況之研究，讓各種機器性的產品愈來愈貼近人性，美感或美學教育悄然成為企業新一代競爭力的顯學。世界手機大廠諾基亞（Nokia）很早便是箇中翹楚，在它們當中有一個神秘的設計部門，圖像設計師、趨勢時尚大師和色彩專家等，一肩挑起手機造型設計大任。《天下雜誌》二〇〇一年教育特刊「美的學習」中肯地道出其中的基本意涵：

> 人應該是能思考、會欣賞、有感覺、愛創造；「美」讓
> 人能享受作為人的美好，並能激發人所獨具的創造能力。
> 在新的世紀裡，人和自己，人跟人，人跟自然，人跟科
> 技的關係，要靠美做全新的串連……因為美是競爭的世

界裡，讓所有人都贏的策略。（周慧菁，2001）

　　緣此，聯合國教科文組織在一九九九年的第三十屆年會中，首度提出藝術教育宣言，力倡藝術教育的重要性，並於二○○一年至二○○二年之間，在亞洲、中南美洲、中東和歐洲等地區召開會議，討論如何將藝術教育導入正式的教育體制中。當然，如果這樣的努力只是在原先涇渭分明的科學教育與藝術教育中，單單為較為弱勢的後者傾力相助，提振聲勢，那也了無新意；值得注意的是，這次覺醒的新看見，格外令人覺得興奮的地方在於，它強調藝術教育並不局限在藝術課程上，包括科學、數學、文學等領域的老師，也都必須打破藩籬，更有創意地將藝術及美感帶進教學中（洪懿妍，2001）。換句話說，這是一種整合性、融合性的新方向，逐漸邁向全人教育的目標和理想，為後現代支離破碎的人格狀態預備癒合之道。

　　從高科技與企業的角度看，在當今知識經濟掛帥的時代，「知識資本」被視為企業和國家競爭力之所在，而「知識資本」的核心價值就是創造力。廣泛研究科學、藝術與認知神經學的視覺藝術博士席勒（Todd Siler），在其著作《突破心靈藩籬》中，給創造力下了一個相當簡明、卻又不失之偏頗的定義：「創造力就是直覺靈感加上分析推理，另外再加上文化觀點。」他指出左右腦都發達的人，一方面分析能力見長，另一方面又擅長直覺與豐富的想像力，席勒說道：「當靈感來臨的一剎那，這一切都會合而為一。」（席勒，1998）近年來的研究愈來愈肯定這樣的一件事實，那就是，創造力的產生經常出自那些優游於不同領域之間的

人們，它通常跨越領域的界限。真正的創造性人物，既不至於孤僻剛愎，也不單單陷入過於窄化的專門分支裡，就如愛因斯坦的戲謔評論：「專家不過是訓練有素的狗。」有關創造力的展現情境，芝加哥大學心理系教授契克森米埃（Mihaly Csikszentmihalyi）曾經做過非常有啟發意義的研究，他花了五年的工夫，詳細訪談了九十一位非常傑出的各界領袖，包括科學家、藝術家、企業家和醫生等，結果證實了我們上面的論述。舉幾個例子來看，諾貝爾化學獎得主艾根（Manfred Eigen）幾乎天天彈奏莫札特的音樂，好使得自己的思路不至於一直墨守成規。一九七七年的另一位諾貝爾化學獎得主普利果金（Ilya Prigogine）則經歷了一番更加多樣複雜的成長背景，他年輕時的興趣主要在於哲學、藝術和音樂，然而他的家人期望他修習某種更加實際的專業，因此，上了大學便主修法律。讀到犯罪法時，就開始引起他對犯罪心理學的興趣，尤其覺得應該要好好了解或許能夠解釋偏差行為背後的大腦機制，便致力研究神經化學。他愈來愈了解到單分子行為在統計上的不可測度性，這啟發了像選擇、責任和自由這一類的哲學基本問題。古典物理的機械性觀點以為自然界的運作是決定性的、可預測的，普利果金則在不穩定的化學系統中發現過程無法被肯定地預測出來，尤有甚者，它一旦發生了，就是不可逆的。他敘述道：

> 要是你能說宇宙是決定性的，是一種自動機制，那麼我們如何把持責任的概念呢？所有西方哲學都被這問題所主宰。在我看來，我們必須在否定人文傳統的科學觀點

> 和努力要摧毀科學知識的人文傳統之間做選擇……我對
> 這種衝突非常敏感，因為我是從人文科學進到科學，再
> 進到硬生生的科學……但是我從熱力學中所學到的，與
> 我的哲學觀點一致。再給我精力繼續審視時間與自然法
> 則更深一層的解釋。所以，我毋寧說，那是人文與科學
> 觀點的一種回饋。（契克森米埃，1999）

正如契克森米埃所說的：「人文的與科學的探索，兩者在普
利果金身上妥善地會合。他的理念除了能夠闡明基本的熱力學過
程外，也鼓舞了多類自然科學和社會科學學者。」另一個例子是
美國物理學家歐本海默（Robert Oppenheimer），他不但是被稱為
「原子彈之父」的科學家，也是詩人和作家。他從十歲左右就開
始寫詩，到進了哈佛大學時還不曾停止，他的興趣從哲學、文學
到語文，通曉八種語言，在科學上的研究也從實驗物理跨到理論
物理（瑞吉斯，1992）。瑞典生物學家克萊恩（George Klein）年
輕時，便經常和一群同學熱烈討論哲學、文學、音樂、藝術和數
學，他們談的並非正式課堂學習的延續，乃是抽象的概念和美學
的經驗（契克森米埃，1999）。

契克森米埃從這九十多位具創造力的傑出人士歸納的結論是，
大部分的創造性突破和進展，都源於通常被以為風馬牛不相及的
資訊連結，他們經常自其他領域得到比同儕更豐富的體會和靈感，
尤其是來自感性層面的領域，契克森米埃語重心長地說道：「這
種跨越領域界限的興趣，正是這些人最重要的特質之一。當前的
學校教育和社會化，讓狹隘的專門化當道，不僅對心靈有害，也

使完成創造性貢獻以豐富文化的可能性降低。」（契克森米埃，1999）

如前面所敘述過的，自從三百多年前現代科學方法萌芽之後，人類對於自然界真相的認識突飛猛進，雖然還有等待進一步探索的未知領域，但是，能夠達到今天這樣的水準，實在是人類文明史上偉大而獨特的成就。據此看來，今天人類對於人生哲學上的認識如此混亂、如此貧乏，是否也可能肇因於相關類似之科學方法的付之闕如，正如三百多年前現代科學方法萌芽之前，人類對於自然界的認識停滯不前並充滿誤解的光景。或曰：「探索人生哲學等的人文學科與探索自然現象的科學完全屬乎不同的領域，各有不同的原理和原則，不可相提並論。」的確如此，表面上它們擁有迥異的現象和發展，這並非意味人生哲學等人文領域沒有它們獨特的原理和原則，讓人可以無視於其中可能的規律，我行我素，就可以活出美好而有意義的人生來。事實上，從人類幾千年的歷史中，我們可以看出，在自我成長與人際關係或待人處事態度之認識上，許多人昧於其中的相關真理或原則，存著抄短線和投機的心理，不思自己的改變和成長，或許為一時的僥倖獲利而沾沾自喜，至終卻可能賺得全世界，卻賠上自己的生命，或者落入怨天尤人的苦毒中。

人活在這個世界上，如果有機會回顧一路走來經歷過的所有人事物之真實景況，便會發現我們所一直以為的感覺或想法，其實有很大的一部分是充滿了誤會和錯覺。當然，許多的誤解可能可以歸為無傷大雅；可是，不能否認，也有不少的誤會和錯覺足以導致人生中的各種困難或痛苦，以致後悔莫及，甚或終身遺憾，

從多年的情侶因一時的誤會造成分手，到事業情勢的錯估，引發經營危機等，不一而足。

　　一個瑟瑟的春天，當耶穌不卑不亢地在審問祂的彼拉多（Pilate）面前說及：「我到這世上來，要為真理做見證。」彼拉多盯著祂，上下打量了一番，冷冷地說出：「真理是什麼？」好一個自大的不可知論者！真理在這裡的希臘文原文也可以翻成真相或真實。

　　歷世歷代，多少人像分封的王彼拉多一樣，只要我能夠，愛怎麼樣就怎麼樣，哪管這世界有沒有什麼真理不真理的。這種情況尤以今天為甚，體現於現代流行的廣告詞句：「只要我喜歡，有什麼不可以？」難怪當代英國牛津大學現代史學者費南德茲—亞美斯托有感而發地說道：

> 在人類歷史上，真的尋求一直是存在的，而且是廣為交流的計畫。但現在很多人似乎都放棄求真了。不相信實在界能夠被理解、被表達的意見所在多有。就我們所知，過去對真抱持這種看法的，從來沒有像今天這麼廣泛、具有影響力，或者說具有破壞性。對照歷史中求真的背景，現今這種漠不關心像是一個突發的、不典型的、且危險的奇想。深信真是值得追求的，尋求的過程總是充滿靈感和動力，進步因而產生，文明因而得以運作。缺少它，我們就無法確定可以更往前或甚至可以存活得更久。重新檢視真的概念，也許可以幫助我們解釋我們是如何陷入今天這種困境的，並指出下一步可能會產生的

線索。（費南德茲─亞美斯托，2001）

我們深入探究發現，求真乃是科學與人文的共同目標，也是雙方可以真實坦誠對話的起點，唯一得謹記在心的就是：它們可能涉及的是不同尺度下的真理表現，以下我們就要稍微探討一下所謂不同尺度下的真理表現是如何發生的。

 肆 不同尺度下的真理呈現——科學與人文會通整合的核心意涵

首先，我們要從一個比較基本的微觀尺度出發，說明一統性的真理如何在不同尺度下呈現出不同的面貌。一個質子和一個電子有其特定的互動模式或關係，其間的交互作用由電磁學上最簡單、最基本的庫倫力（Coulomb force）擔綱，經由量子力學中薛丁格方程式（Schrodinger equation）的標準解法，理論物理學家計算出它們可以形成穩定的結合態（bound states），構成所謂的氫原子。在氫原子中，電子可以處在多種不同、固定且不連續的能量狀態中，其最低能量狀態稱為基態（ground state）。通常電子處在基態中，當它被外來的能量激發（excited）時，可能進入較高能量的激發態（excited state），旋即放出一個光子，回到另一個較低的能態（energy state）中，基本上所放射出的光子的能量就等於前後兩個能態之間的能量差，而這光子的頻率與其能量成正比，其比例常數就是著名的蒲朗克常數 h。如果這個較低的能

態尚非最低能量的基態，那麼，這樣的過程就持續進行，直到電子回到基態止。由於電子在這許多不同能態間的遷移所放射出的許多組特定的、不同頻率的光線，便構成氫原子獨特的光譜（spectrum）。兩個氫原子又藉由共價鍵（covalent bonds）的方式結合成氫分子，只是構成氫分子的兩個氫原子之間的吸引力，比起先前構成氫原子的質子和電子之間的庫倫吸引力而言，相對地減弱了許多。再進一步說，由於此共價鍵兩端的原子是一樣的（identical），鍵中的兩個電子均勻對稱地分布在兩個氫原子之間，氫分子就不構成所謂的極性分子，兩個氫分子之間的吸引力因此便大大減弱到幾乎沒有的地步，以至於即使它們靠得很近，通常也不會形成進一步的更大結構來，在常溫時，它們幾近構成所謂的理想氣體（ideal gas）。如果自然界只是如此簡單，大概就不足以為生命之存在提供基本的空間和舞台，因為質子和電子之間的庫倫吸引力以及氫原子與氫原子之間的共價鍵，其結合力都過強了，無法適當提供生命發展所需的「自由」；反之，氫分子之間又過於冷漠，彼此間的吸引力幾近於零，激發不起生命的「熱情」來。

　　還好，現實世界裡，幾種基本作用力，包括強作用力（strong interaction）、弱作用力和電磁作用力〔今已整合為所謂的弱電作用（electroweak interaction）〕，在不同尺度的運作結果，自然界存在多種不同原子序（質子數）的原子，許多大大小小的不同分子和物質得以由它們組成。其中，特別是由不同原子所組成的分子，由於鍵結原子的不同和不對稱的結構，使得這一類分子裡的電核分布不均而具有某種極性，它們具備生命運作的合宜條件，因為這一類的極性分子之間會形成適當程度的吸引力，既不會太

緊密而失去生命發展所需的「自由」，也不會太鬆弛而激發不起生命的「熱情」來。這種分子間的連結的典型例子就是化學上所謂的氫鍵（hydrogen bonds），由兩個氫原子和一個氧原子組成的水分子H_2O便是非常通俗的例子（Robinson et al., 1997）。

另一類與生命運作，特別是與生命的複製、延續和遺傳有關的分子，那就是構成 DNA 的四種核苷酸分子，生物學家和生命科學家發現，所有生物的 DNA 都是具有相同的基本架構，正如同一條很長的梯子被扭轉成雙螺旋狀，這兩股中間的橫木乃是由分別自兩股向中央延伸的鹼基藉氫鍵連結而成。所有生物的DNA，都是具有相同的四個鹼基，分別為腺嘌呤（adenosine）（A）、鳥糞嘌呤（guanine）（G）、胸腺嘧啶（thymine）（T），以及胞嘧啶（cytosine）（C）。科學家進一步發現所有生物中的腺嘌呤（A）總是與胸腺嘧啶（T）配對，而鳥糞嘌呤（G）則總是與胞嘧啶（C）配對。到此，所有生物的 DNA 均具有以上這種相同的架構與特性。DNA兩股之間的氫鍵連結強度非常恰當，平常維繫兩股於一，當複製過程進行時，也可輕易分離，好讓兩股分別成為絕佳的模子，各自再搭砌成與原來一模一樣的新 DNA 來（Star & Taggart, 1999）。

我們看見，從起初，在一個質子與一個電子組成的氫原子中，質子與電子之間的互動關係是由最基本、最簡單的庫倫作用所描述。而在較大的尺度（scale）上看，氫原子與氧原子之間的互動關係則由強度較弱、形式上卻較庫倫力更複雜的作用所描述；而理論上，後者乃是由之前的庫倫作用所推導出來。當兩個氫原子與一個氧原子進一步結合產生水分子，我們看見活性極大的氫原

子與氧原子，在這個更大的尺度上，卻結合成極為穩定的水分子，而水分子與水分子之間的互動關係則由強度進一步減弱、形式上卻又更加複雜的作用所描述，包括稍前所提及的氫鍵；同樣，這個尺度的互動關係也是由之前更小尺度的互動關係所決定，但是，每種尺度卻呈現出形式上不一樣而又獨特的互動關係來。這樣的過程一路延續至更多不同的原子組成更大、更複雜的分子，如氨基酸、蛋白質以至DNA，各種不同對數的DNA發展成形形色色、具有不同特性的不同生物，構成今天眼前這個多采多姿的大千世界，尤其，產生了幾十億個性與相貌都不同的人類來。其中，具有某些共同遺傳特徵的人類又構成某個具有某些特定民族性的族群，全世界就有許多不同的族群存在。當然，在這個由小到大的發展過程中，存在一個非常關鍵的尺度，在此，所謂的生命形式開始出現。而在像人這類高等動物身上，顯然進一步出現了所謂「意識」（consciousness）和「自由意志」（free will）這一類非常特殊的質素來，它們是純粹物質多層次複雜化的自然產物？抑或是在某個時期瞬間或漸進的非物質性或精神性「植入」？這的確是一直到今天都尚未解開的謎，唯物主義的科學家傾向於相信前者，但是還沒有人可以提出證明來。從另一個角度看，要以我們現有的「意識」來了解「意識」本身，恐怕存在著基本的困難。

　　儘管如此，從前面一路下來的理論探討和實際的現象學（phenomenology）來看，人與人之間的互動關係仍然存在一些重要的規律，不管人的意識本身至終是自然界的「自然產物」與否。當我們留心並順乎這些原則或規律時，長期來看，我們做人處事的各方面便得到正面的助益和果效；反之，我們便很容易落入扞

格不入的景況裡，許多時候我們不知省察，反倒怨天尤人，或是企圖藉由星座和算命等方式去解決，最後總是會發現都是徒勞無益，就如我們試圖違抗自然律而導致傷害一樣。從整個人類歷史來看，幾乎所有對人類社會真正有極大貢獻的人，都是那些長期秉持並珍惜這些原則或規律的男女。

在全世界激勵許多人的著作《與成功有約》，其英文原著的標題乃稱為 *The 7 Habits of Highly Effective People: Restoring the Character Ethic*，意指邁向成功的七種習慣（原則）之落實，係作者史蒂芬‧柯維在研究全世界許多成功的個人和企業之後，歸納出來，作為個人事業、婚姻、家庭、人際關係、信仰等全面性成功的基礎，與全人教育的宗旨不謀而合，在此把這七種習慣（原則）詳列如下，作為我們思考和成長的參考：

1. 主動積極──是由自知之明或自覺意識所引伸出來的能力，這是一種選擇回應的能力。
2. 以終為始──以想像力和良知實踐目標。
3. 要事第一──是意志力的產物。
4. 雙贏思維──是成熟心智的產物。
5. 知彼解己──需要兼顧勇氣與體諒。
6. 統合綜效──是創造力的來源。
7. 不斷更新──是不斷改進或自我更新，以克服故步自封的獨特障礙。（史蒂芬‧柯維，1998）

上面這些原則乃是基於在人既有複雜精密的物質組成和微妙的心靈結構下，所呈現美好的生命運作原則，讓生命潛力得以更充分發揮，正如先進而精密的飛機、汽車或電腦，也需要遵循一

些基本的原則，才能順暢的發揮它們的意義和功能一樣。當然，生命當中的確存在許多足以自由選擇的合理空間，這是生命之所以值得禮讚和珍惜的地方；但是，罔顧這些基本原則，一廂情願地以為，只要我喜歡，沒有什麼不可以，至終卻發現虛度生命，後悔莫及。我們知道按照必要的原則操作汽車、手機和電腦，卻無視於自己生命成長和發展的基本原則，導致極度的困惑、痛苦，甚至誤用、濫用自己的尊貴生命，如同功能超炫的先進電腦，竟淪落為蠻荒土著手上的新奇玩具或足下之踏腳石，一樣地令人惋惜（李清義等，2004）。

石滋宜在史蒂芬‧柯維另外一本重要的著作《與領導有約》中文版之再版序中，開門見山地說道：

> 本書作者柯維相當了不起，他真正找到了「人」最重要的東西。我非常相信自然、順從自然，而本書中的原則（principle）就是順從自然。意思是你要獲得什麼，就要先播種什麼。你要葡萄，一定要種葡萄；你要蘋果，就一定要種蘋果；而且不是今天種、明天就要，還需要耕耘，才會有收穫……繼《與成功有約》之後，《與領導有約》可以說是二十世紀中，對人類最有價值的一本書，它告訴我們什麼叫原則。原則是什麼？就是真知（true-know），它是不變的，不是價值（value）。價值會隨時代變化，但是原則本身就是自然，它是自然存在的規則，並不是由什麼人去定義、設定的。

柯維在自己的作者序中，有感而發地慨嘆道：

有些無效能的習慣根植於社會上急功近利的想法。學校
裡，許多人臨時抱佛腳仍能成功地通過考試。但抱佛腳
的方式在農場上行不行得通呢？你可以兩星期不替母牛
擠奶，而保有同樣的產量嗎？荒廢了春耕夏耘，只在秋
天時拚命工作，就能有所收穫嗎？在農業上，我們對這
些作法都會不以為然；但在學業方面，我們卻經常臨陣
磨槍，只想得到尋找理想工作所需的分數和學位，不在
乎是否得到完整的教育。

這些是一般方法無法解決的問題。快速、容易、自由、
有趣的方法，在農場上是行不通的，因為在那兒我們受
限於自然法則。不管我們是否了解或服從，這條有規律
的自然法則始終運作著。

農場上互古不變的唯一法則是：我必須整地、播種、插
秧、除草、澆水，然後穀物才會慢慢成長、成熟。在婚
姻問題或協助青少年度過困難時，同樣沒有特效藥能快
速進入狀況，以正面的心態和成功的公式導正每件事。
收穫的法則主宰一切，自然法則和原理運作著。所以請
將收穫的自然法則納入你的人際關係中，納入管理方式，
以及整個公司組織中。（史蒂芬‧柯維，2001）

理查‧惠滋利爾花費了二十年的時間，想要為「如何與人合
作」這個主題得到一套具體可行的公式。他讀了數不完的書籍，

訪問了許許多多的人，但還是求不出普遍性的公式來。為了研究這個問題，他曾經將那些與人合作無間、效果卓著的實例，統統都收入檔案，竟有十萬個之多。他從這十萬個不同實例中，做出詳盡的分析和比較，最後歸納出七個原則來：[1]

　　1. 要別人怎樣待你，就要怎樣對待別人，要友善待人。

　　2. 要發掘對方的優點，從好處著想，稱讚對方。

　　3. 尊重每個人，不要傷害別人自尊。

　　4. 要樂於助人，時時助人。

　　5. 要站在對方立場考量，為人設想。

　　6. 簡潔而明確。

　　7. 使人積極參加。

柯維在《與領導有約》這本書中，繼續提到：

米勒（Cecil B. De Mille）說過：「我們是不可能打破原則的，如果硬是與之對抗，我們只會撞得頭破血流。」原則是已獲確認、持久不墜的人類行為習慣。原則支配著人性……什麼是企業的最高指導原則，眾人的意見也趨於一致。公正、仁慈、自尊、博愛、正直、誠實、品質、服務和耐性等，是放諸四海皆準的美德。

想想看，若企圖用不公正、欺騙、卑鄙、無能、平庸、

---

[1] 有關理查‧惠滋利爾的這些研究，詳細出處不明，但是這些原則頗為實用，值得參考。

> 墮落來過日子或做生意，會是多麼危險。相信不會有人
> 用它們當作永恆、幸福與成功的堅固基石。
> 正如物理的重大法則，原則也是永恆的、不容置疑的。
> 人們可能會爭議它的定義、解釋和運用，但往往一致同
> 意其所蘊涵的美德，即使無法完全符合它，卻相信它，
> 願意受社會經濟法則評價管理。
> 認真探討國家或公司歷史後，就會發現這些原則與真理
> 都是顯而易見的。這些原則一再浮現。而社會認知原則、
> 與之和諧共處的程度，決定了整個社會能否持續穩定的
> 生存，還是走向分裂、毀滅。（史蒂芬・柯維，2001）

　　說到這裡，不禁讓人想到二十世紀英國那位偉大的歷史學家湯恩比（A. J. Toynbee），他在史蒂芬・柯維之前半個世紀之久，便已經以他那恢宏的氣度和睿智的眼光，昭然若揭地點出國家與文明興衰背後一些重要的真相和原則來。在此看來，我們不要怕科學與人文或信仰必然會產生無可避免的衝突，只怕我們沒有發揮真正的科學精神。湯恩比在其曠世巨作《歷史研究》中，以實證的精神和歸納的方法，來回地駐足環顧於歷史上數十個文明的進程裡，試圖揭櫫幾千年來人類文明興衰背後的「真實」要素，為危機重重、瀕臨集體毀滅邊緣的後現代世界探尋真正的出路。如上所述，湯恩比顯然可以說是在探索整體人類大尺度中的互動模式和運作關係，本質上說未嘗不是近乎真正的科學研究，乃是藉由現象學上的比對、歸納等方法，試圖找出背後的真實和相關原則來，雖然其過程和結論畢竟無法像基本尺度的自然科學所界

定出來的那麼清晰和明確，但客觀地說，略具雛形應不為過。這本巨著的中文譯者陳曉林頗為中肯地說道：

> 人類透過現象的帷幕，而探索精神的真實，在敬畏、同情與欣愉之中發現：與現象背後的終極真實重新結合，是救治大千世界煩惱苦痛的唯一方法，而這方法是人類可以自主的，人類的自由意志，在這裡彰顯了它無比的重要性，於是，湯恩比在詳研文明的興廢、窮究歷史的底蘊之餘，以現象界的無限超越與精神界的無限接近，作為他整個思想的基調所在，他認為：個別文明的歷史生涯，雖與個人生命一樣，有其盛衰起伏的表象，然而人類文明的整體生涯，一般而言，卻總是在向前推進之中，迎向一個永恆真實的終極目標。（湯恩比，1987）

以一個歷史學者，湯恩比在他那個時代便注意到，並頗為深入地探討到自然律在人文領域中的意義和影響，實在堪稱現今所謂的「全人教育」和「科學與人文整合」學術發展上的典範。儘管不是所有人都會同意他的所有結論，如稍前所述，其巨著《歷史研究》正是在這種整合性意義和精神裡所產生的重要成果，在人類知識體系中具有非常珍貴的價值。在二十一世紀的今天，我們發現，自然科學所探究的自然律在人文領域中的關係和影響，實在超乎大眾的想像。

與現象背後的終極真實重新結合，正是許許多多科學家畢生努力的目標，由於三、四百年前反覆實證的現代科學方法萌芽以

來，到今天，我們得以深入紛紜雜沓的外在表象之下，瞥見自然界內在的真實和規律。首先，我們因此愈來愈能夠欣賞到一直隱藏在大自然裡面的內在美；其次，我們也能夠善用對於大自然的真實知識來改善民生，對於所居住的地球做合宜的經營和管理，發揮人類的潛力。當然，不可否認地，人類也有可能誤用、濫用這些知識，而有意無意地帶來傷害或負面的影響，例如臭氧層破洞或溫室效應等環保問題，也可能帶來極大的毀滅性威脅如核武問題等。

在二十一世紀的今天，我們有足夠的理由相信，狹義的唯科學主義或唯物主義無法解決人類所面臨的基本困境。數理科學經過二十世紀蓬勃發展的結果，它終於逐漸邁入較為成熟穩健的階段，重要的標記之一在於它終於覺察到自己的有限性，有別於稍早它那種睥睨一切、氣吞山河、不可一世、咄咄逼人、唯我獨尊的態勢；它終於務實地發現，原來宇宙之中的確還存在著一些貨真價實的真相、事實或真理，是它無法洞悉或發掘的。起初，著實讓許多偉大的數理科學家適應不良，大失所望。其實，客觀說來，這未嘗不是一件好事，因為認識自己的有限正是真正得以向下一個階段繼續突破和進步的契機；對於自己之局限蒙昧無知，反而夜郎自大，自陷囹圄而不覺察。但是，反過來說，我們若果一味地堅持，把科學研究的對象單單限定在自然界的範疇之中，並且誓死抵抗，不准它貿然撈過界，跑到所謂的人文領域，也顯然過於一廂情願。

正如稍前所述，有別於一般的無生物，人固然是具有生命的實體，尤其更是具有豐富精神生活的動物，只是在現今這個生命

狀態中，我們這一切豐富的精神活動，基本上都還是在這個看來屬乎物質的身體中進行著，外表上看來純粹屬乎精神或心理層面的活動，其實是以物質與生理的運作機制和原理作為基礎。當然，我們不能像唯物主義者，輕率地把精神或心理層面的一切表現，都化約為純粹物質的不同狀態罷了，不過，它們之間具有某種不可分割的關係，顯然是無庸置疑的，也是現今腦神經科學和認知科學所一再證實的，而物質與生理上的運作機制和原理在精神和心理層面的活動上，具有某些關鍵性或基礎性的影響，也就不足為奇了。例如，大腦中某些化學傳導分子如血清張力素（serotonin）的釋放效能不彰，會導致憂鬱等精神症狀，而可增加血清張力素之有效利用率的藥物如百憂解（prozac），的確就能有效帶來症狀的改善或舒緩（Greenfield, 1998）。並非藥物才能帶來醫療的效果，穩定的運動也可以促進大腦釋放出令人有幸福感的化學分子安多酚（endorphines），還有其他多重益處，改善情緒，維持心理功能的正常發揮（Amen, 2000）。反過來說，長保心理上的喜樂和正面積極的態度，也是生理健康的重要因素。

　　物質與精神顯然是隱藏在背後一種更實在、更基本之一統性根源的兩面，幾千年來，表面層次的唯物論與唯心論之爭當然未能觸及問題的根本，到了二十一世紀的今天，兩者不能彼此化約的事實益發明顯。科學與人文之間的長期瓜葛，未嘗不是如此。關鍵之一在於作為研究物質領域之科學的基礎（理性和邏輯推衍）存在著無法擺脫的規範和局限，或許唯有在我們確認並接納這樣的規範和局限之後，我們反而才能跳脫囿圈，進入柳暗花明又一村的境界。

　　從近代物理發展的過程來看，二十世紀初期之所以產生空前
豐碩的成果——相對論與量子力學——，顯然在於物理學家終於
充分體會人類主觀的量測和實驗規範或限制的存在，對於客觀的
自然律的呈現具有不可分割的關鍵性意義和影響。光速的恆常性
並為速度極限的確認和接受，成為愛因斯坦相對論的一個重要基
石；而規範位置與速度量測不準度的測不準原理則構成量子力學
的基本內涵。這些基本規範或限制的發現、確認與接受，不僅沒
有限制當時物理學的發展，反而使物理學家跨越了有限，跳脫傳
統古典物理的窠臼，瞬間解決了當時諸多的矛盾與衝突。使當初
充滿困惑與晦昧的處境頓時豁然開朗，這裡似乎能夠給我們一個
重要的教訓或啟發，那就是在面對一種衝突、對抗、隱晦和充滿
矛盾的困局時，各方謙遜誠實的重新檢視自己本身，看看是否存
在著與生俱來不可擺脫卻一直昧於發現或承認的基本規範或限度。
勇於發現、確認並接受這些基本規範或限度，不但不會使我們畫
地自限，反而會使我們跨越有限，突破困境，海闊天空。許多時
候，我們漫不經心地承襲傳統和不自覺地虛張聲勢的誇大習性，
反而是使我們身陷泥淖停滯不前的根本原因。當今物理上基本問
題的懸而未決，是否也因為尚未誠實的面對可能擺在我們眼前的
另一層次的基本規範或限制，也就是得超越二十世紀初，針對實
驗量測上的基本規範或限制的確認和釐清，進一步深入人類自己
理性運作或人類腦神經運作上的基本規範或限制。這不禁讓我們
思索，謙遜究竟只是人文道德上的一種美好質素，抑或也是亟欲
發掘自然界真相的科學之所以能不斷進步的重要原因？

　　另一方面，如果這樣的教訓或啟發有意義的話，它或許可以

在科學與人文雙方領域中繼續解開許多的衝突和矛盾。尤有進者，它或許更可能是解除科學與人文兩造間基本對立的必要關鍵，也可能是調解理性與信仰長期糾葛的必經之路。在面對兩岸的對立和衝突方面，這樣的教訓或啟發格外值得海峽兩岸領導人深思，一味膨脹自己的基本立場和訴求，徒增矛盾與張力，謙遜誠實的重新檢視自己本身或互動上的基本規範或限度，可能才是至終得以柳暗花明的根本途徑。

　　我們不敢宣稱這個體悟是解決一切矛盾和衝突的宇宙性真理，然而在科學發展史一再看見這樣的模式出現，謙遜誠實的重新檢視自己本身，看看是否存在著一直昧於發現或承認的基本規範或限度，勇於發現、確認並接受這些基本規範或限度，即使一時還無法解開全局，至少能使我們更清楚看見真相，救自己早日脫離一場沒完沒了莫須有的糊塗仗。從認知心理學和認知科學的角度來看，我們就可以知道我們是何等容易在許多方面產生誠實的錯覺和誤解，而真相的顯現少不了我們以謙沖為懷的態度付上扎實的工夫和代價。

　　如前所述，二十世紀初期之所以產生空前豐碩的成果——相對論與量子力學，肇因於物理學家終於充分體會人類主觀的量測和實驗規範或限制的存在。就在一九二〇年代後期幾年間，由於近代物理的空前勝利，數理科學家們士氣如虹，打算一舉攻下自然界中每一寸的真理土地，哪知沒有幾年，他們卻一腳踩進奧地利數學家戈德爾（Kurt Gödel）的地雷而銳氣大挫。戈德爾的「不完備定理」自從一九三〇年代提出來之後，引發數理科學界空前的震撼，粉碎由二十世紀偉大的數學家希爾伯特（David Hilbert）

所代表的理性邏輯完備學派的夢想，這夢想企圖從一些最基本的公設系統出發，演繹出所有的正確敘述或真理，而「不完備定理」告訴我們理性邏輯演繹無法窮盡一切的真理。例如對於自然數而言，數學家最常用的公設系統就是皮亞諾公設（Peano Axioms）。若皮亞諾公設具有完備性，那麼所有有關自然數的正確敘述或真理，都可以從皮亞諾公設證明出來。無奈戈德爾的「不完備定理」指出，皮亞諾公設是不完備的。有些關於自然數的敘述是對的，但皮亞諾公設卻無法證明它；戈德爾的證明也的確清楚具體的告訴我們如何找到這樣的敘述。我們起先會以為如果能夠尋找到比皮亞諾更完美的公設系統就解決問題了，可是弔詭的是戈德爾的「不完備定理」本身卻是出奇地「完備」，因為它進一步告訴我們：任何一個沒有內在矛盾的公設系統皆是不完備的。更糟糕的是，戈德爾的「不完備定理」還指出：任何一個夠強的公設系統，皆無法證明它自己是沒有內在矛盾的，也就是無法證明它本身的一致性。所以要證明數學具有一致性，我們無法從數學本身中得到，必須靠數學以外的東西，如個人的哲學或信仰，來相信數學是有意義的（董世平，1991）。的確存在一些真相、事實或真理，是單憑理性邏輯所無法推衍出來的，便為人文或信仰領域中探索真理的某些獨特方式如信心等存留合理的空間。一個有趣的事在此出現，我們在非嚴格邏輯演繹的人文領域中，也有許多人體會出類似的結論，這與俗話說的「不識廬山真面目，只緣身在此山中」，不是具有異曲同工之妙，體現相近的啟發嗎？當然，學術探討不能止於漫不經心的拼湊遊戲，而人文向度的理念看法，一般也難以數理邏輯化。不過我們可以很誠實的看見，數理科學與

人文學科之間的確存在人類完整知識和文化體系裡的會通整合之所。在本章結束之前，最後一節要摘錄一段筆者稍早的論述，作為科學與人文會通整合的一些例子，讓我們可以看見其在全人教育中所具有的特殊意義和展望（李清義等，2004）。

 科學與人文會通整合的例子——科學在人生哲學與信仰中的重要角色

乍看之下，自然科學研究屬乎「物」的自然界，其中所發現的規律，與屬乎「人」的人生觀或信仰又有何相干呢？當我們平心靜氣地省察，便會發現，人的思考與觀念永遠脫離不了感官經驗的對象——人周遭的自然界，從古代西方與中國的思想和詩詞歌賦等，莫不反映出這樣的事實。在這裡，還有一件重要的事情是我們必須特別加以強調和提醒的；如果近代反覆實證科學對於許多古人所信以為真的自然現象之認知提出重大的修正，或看見了更深更廣的內涵，那麼許多古代文人哲士從自然界所體悟出的人生哲學，自然也應順理成章得面臨適當的修正或擴展。以下，我們將舉某些耳熟能詳的人生觀念，以現今科學反覆實證得來的結論加以對照，相互啟發，或可發現許多我們一直認為理所當然的人生觀或信仰，也許應該加以適當的修正才是。

例如，以前的許多文人哲士與宗教家觀看周遭的風雲變化、江流河湧、波光跳動、花開花謝並人的生、老、病、死等，便以為這是一個多變無常的世界，裡面的一切都是無常的，沒有永恆；

他們以為人的痛苦便在於他的執著，想要緊緊抓住那些遲早會消逝的事物。

　　然而，近代反覆實證的科學研究使我們對於這些自然現象已經有了更深一層、更為全面並更為精確的認識。因此，如果自然現象對於人生哲理的體悟仍具有重大啟發意義的話，上面這些文人哲士有關人生哲理的領悟便也不能不做適當的修正：是的，波光跳動，變易不停，似乎無常；但是，水的波動以及光的折射與反射卻均按著既定不變的規律在進行著。是的，行雲流水，變易不停，在這些過程中，似乎無常；但是，其中肉眼看不見卻是真正的組成（水分子 H_2O）本身卻是一直未變，始終如一；至少就其氫、氧原子之組成而言，它們並沒有忽焉變成 H_3O_8 又忽焉變成 H_5O_{11} 等，充其量它們只是在旋轉或振動而已。是的，古時候許多的文人修士看見這外在世界的「有所變」；但是，他們無法看見或忽略了這世界潛在的「有所不變」！而這正是靠實證的科學方法這隻「眼睛」這些年來所努力看出來的呢！牛頓的偉大乃在於，從當時外表看來似乎毫不相干，且各自「有所變」之蘋果下落與月球繞地運動間，找到了「有所不變」而且相同的內在自然律（萬有引力定律）；於外在諸多「無常」中找著某些內在「永恆」的腳印。這正是科學進步的真義，而牛頓則是其中一位著名的代表性人物罷了。

　　因此，從這外在的世界我們可以發現，許多東西的確都在不停的變化著，但是如果我們從所看到的「許多東西都在變」的這個事實，輕率地下結論說成是「一切都在變」或「沒有恆常的東西」，我們在邏輯上豈不是明顯犯了「以偏概全」的錯誤？另一

方面，三百多年來，反覆實證的科學也從外在繽紛多變的自然界裡，不斷地發現其內在恆常不變的規律和內涵，我們豈不也應在相關的人生哲學上勇於踏出修正的一步？

　　如果一切無常真的是自然界中顛撲不破的事實，那麼，「不要執著」或許可以稱得上是面對這個問題時最好的答案；然而如果反覆實證的科學發現那並非事實時，那麼對於一個誤判的症狀，開出了最完美的解藥，大概也是於事無補了。人生問題的癥結所在倒可能是在於從「恆常」中失落，不知回歸，反亟思在諸「無常」中尋覓安頓，當然落入無奈與苦境。不要執著於無常的事物固然有所助益，但是，畢竟只是解決了消極面的困惑，解決生命問題更積極徹底的當務之急，乃在於如何藉著真實的信仰觸及生命中的「恆常」領域，才是根本之計。

　　我們中國人素來有包容的美德，所謂有容乃大。許多時候，我們的兼容並蓄讓不同看法或不同想法的人可以各自擁有一片發展的天空，皆大歡喜。但是，有些時候，如果沒有在某些方面持守一些必要的原則，我們可能又會進退失據，輕重不分。因此，如何在普遍性與獨特性之間看見合宜的區別也就非常重要，例如，對於世上所有的人，我們都能普遍的懷著愛心和憐憫並摩頂放踵地去服事他們、幫助他們，固然是值得嘉許的，但是，如果我們因而否認或棄絕了自己與父母那種獨特而無可取代的關係，顯然也是非常偏頗的人生態度。因此，以下我們就要花一些時間來探究一下這個相關的課題，尤其我們要來看看反覆實證的科學理論「相對論」可以帶給我們怎樣的教訓和啟發。底下我們先列出幾個非常容易聽見的觀念或想法作為我們探索的起點，例如有許多

人以為：

「宗教都是勸人為善，只要虔誠就好，信什麼都一樣。」

「為什麼你們基督徒老是說只有信耶穌才能得救，信別的就不行，俗話不是說條條大路通羅馬嗎？」

「世界上沒有什麼絕對的東西，一切都是相對的啊！」

我們許多人把自己寶貴的一生漫不經心地交付這些未經深思熟慮、未經仔細查證、似是而非的道聽塗說裡，到最後才後悔莫及。當我們從事一項商業投資時，都會精打細算，左右衡量，深怕投資錯誤而虧損；然而可悲的是，我們許多人在面對自己生命的整體投資時，態度卻出奇的隨便和輕忽，以致往往賺了全世界，卻賠上自己的生命（靈魂），到頭來得不償失。

當我們誤以為世界上沒有絕對的客觀真理，也沒有絕對的最後總依歸時，我們便各自偏行己路，自訂善惡，自立標準，自以為是，自以為義；反倒離棄真正的生命道路，認為愚拙，至終自蒙其害。

誠然有千百條的道路可以通往羅馬，但是生命最後的歸宿究竟與羅馬有天淵之別，有什麼樣一廂情願的邏輯真能叫「通往羅馬的這千百條道路」足以用來否定通往生命終極意義那極可能是「絕對而唯一的道路」？

玄學上的辯論的確讓人覺得見仁見智，但是科學上經過一再證實的理論，卻常常能夠在生命的問題上提供一些發人深省的啟示。而關於這個問題，或許二十世紀初所發展出來的物理理論「相對論」可以呈現給我們一些教訓。我們首先要思索的是「相對論」單單「相對」嗎？

　　自從一九○五年愛因斯坦提出著名的相對論以來（嚴格地說這時提出的理論稱為狹義相對論），世界上很多人就更加似懂非懂地爭相宣告：宇宙中沒有絕對的真理，一切都是相對的。事實上，正如一些著名物理學家所發的感慨，「相對論」這個名稱取得未免有些偏差或誤導。

　　相對論的確打破了古典絕對時空的概念；在之前的古典物理中（一般物體的運動速度遠小於光速），我們都以為整個宇宙只要有一個標準時鐘和一把標準的量尺就夠了，不管你是在靜止的實驗室中，還是在高速運行的火車上，我們的時間和距離量度是沒有差別的。

　　如今相對論告訴我們，時間和距離不是絕對的；兩件事之間的時間和空間間隔會隨著觀察者本身所處的運動狀態而有所不同，例如，在一列接近光速的高速火車上，沿著運動方向放置的一把量尺，在火車上的觀察者看來（與它相對靜止），它是正常而普通的量尺；但是對於地上的觀察者來說（與它相對運動），它竟比原來的長度縮短了。這並非視覺效應或錯覺的緣故，乃基於實際測量的結果。在時間的測量來說，火車上的觀察者覺得很平常過了一秒鐘，而對於地上的觀察者而言，卻已經過了很多秒。換句話說，地上的人「看」車上的人猶如「慢動作」。

　　實際上，目前我們還沒有辦法把火車或太空梭加速到靠近光速的境界；但是在宇宙射線或加速器中，我們倒是很容易發現基本粒子的速度可能幾乎靠近光速，從它們的身上我們就會很清楚地看見上述的相對論效應。例如，我們在宇宙射線中量得某種粒子的半衰期，拿來與同樣的粒子但是在「靜止」的狀態下所量到

的半衰期比較，我們就能清楚看到上述時間延緩（time-dilation）的現象。

相對論另外一個重要的結果就是著名的質能互換關係 $E = mc^2$，它是打開二十世紀核能時代的基本鑰匙。

值得我們特別注意的是，相對論雖然打破了時空之絕對性，但是它並沒有打破所有的絕對性。而事實上，相對論正建立在兩個「非相對性」的實證基礎上（有堅固的實驗根據，而非一廂情願的憑空設想）：

1. 所有物理定律在任何慣性系統（等速運動的參考系）都是一樣的。

2. 光速大小是恆定的，在任何慣性系統測量的結果都是一樣而不變的。

第一個基礎讓人較易了解和接受，它表達了客觀自然律的存在，也表明了它的簡單性和一致性，也唯有如此，科學才有了它獨特的意義。例如，在靜止的實驗室中從事電磁學實驗所獲得的電磁學定律，與在高速運行的太空梭中所得到的結果是一模一樣的，自然律，並不因你我所在的系統不同而有所改變！

第二個基礎則叫人看了百思不解；當你我在靜止的實驗室量一束光的速度大小時，我們得到一個結果大約是每秒三十萬公里；但是當我們心血來潮，假設能夠也以每秒將近三十萬公里的速度逆著它向它飛奔而去的話，我們以為這下子量到它的速度大小應該是30+30，得到大約每秒六十萬公里的結果，那我們可就錯了！因為當你實際用儀器裝置測量的結果，它還是每秒三十萬公里！反過來，當我們沿著它飛奔的方向，從後面以每秒將近三十萬公

里的速度追上去時，我們以為這下子可以不必驚鴻一瞥，足能面對面一睹「光姐」的廬山真面目了；那你又要大失所望，你實際測量的結果要發現，你跑得快，她跑得比你更快，她老姐還是悠悠哉哉，輕輕鬆鬆地以每秒三十萬公里的速度繼續揚長而去，叫你好不洩氣。是的，在空中以時速將近一千公里飛來飛去的空姐，你努力一點還可以追得到；但是，在太虛中以秒速三十萬公里咻來咻去的「光姐」，你當然只有「仰天長嘆」的分了！當然，我們現在還沒有辦法把自己加速到靠近光速那麼的快，但是科學家還是可以從不同的實驗中確立光速恆常的這個結果。

對於許多年輕小姐的捉摸不定，不少楞小子難免被整得七葷八素的；同樣在二十世紀前後，物理學家也是被「光姐」的奇行異徑搞得頭昏眼花，不知所云。直到後來，有些物理學家如愛因斯坦等終於恍然大悟，放棄先前的偏見，坦然按照「光姐」的本相來接納她。如此一來，反而將對自然界的認識帶進了一個嶄新的奇妙世界；相對論的產生在那時引發了從牛頓以來最大的一場科學革命。

話說回來，如今物理學家對於「光姐」這個帶著某種絕對性的獨特行徑仍然大惑未解。只是如常地接受這個事實作為相對論的一個出發點罷了。

總結地說，許多人一廂情願地以為否定了絕對真理存在的相對論，它本身竟然是建立在上述兩個非相對性的獨特基礎（實驗事實）上。這給我們一些什麼樣的啟發？當一個人大聲疾呼，振振有詞地喊叫「絕對性絕對不存在」的時候，我們有何感想？世界上有許多相對的東西，是個不可否認的事實，正如稍前所談世

上有許多變異的東西一樣。然而,若果因此斷言一切都是相對的,沒有什麼絕對的,一方面,同樣犯了以偏概全的邏輯錯誤;另一方面,相對論這兩個實證的非相對性基礎之存在,便足以讓這樣的斷言無法立足,因為不用多,基本的邏輯告訴我們,只要有一個反例的存在就足以叫一個大張旗鼓的論述失真。有許多人為了給自己愛怎麼樣就怎麼樣的人生態度找個合理的藉口,就一廂情願、漫不經心地高喊:「一切都是相對的!沒有什麼絕對的!」為了給自己一個萬無一失的根據地,這個疆域得擴展得很大很大,以致涵蓋了一切。這一切當然包括了自然界裡面的各個層面,萬萬沒想到竟然也闖進了很沒情趣的物理領域裡,剛好一腳踩在一個非相對性的地雷上,進退維谷;相對論這兩個反覆實證的非相對性基礎,不徇情面地動搖了「一切都是相對的!」這個缺乏真實驗證卻又擺出氣吞山河之勢的偉大宣示。斯皮柏格(N. Spielberg)和安德森(B. D. Anderson)兩位物理教授在他們的巨著《宇宙觀革命》中有感而發的說道:

> 因此有些人將物理學上絕對參考系不存在的觀念,解釋成道德上的相對主義(moral relativism),這是嚴重的引喻失義,因為他們根本不懂不變量(invariant quantities)的觀念才是相對論的基本精神所在。(Spielberg & Anderson, 1998)

雖然經過反覆實證的科學結論不一定都能夠對於人生觀或信仰產生邏輯上的直接衝擊或修正,許多時候,它們卻能夠在這些

精神或人文領域帶來奇妙的教訓或啟示，只是探討的人必須先對這些科學結論有深入的了解和體會。在此前提之下，原先似乎見仁見智的思想或信仰觀點可能會得到極大的光照或啟發，有時竟能帶來撥雲見日甚或直接邏輯辯證上的效果。以上述相對論的對照為例，我們便可以發覺「倫理相對主義」和「信仰相對主義」之一廂情願，而某些堅持具有某種非相對性之獨特意義的信仰，或許不一定像許多人起先所以為的那麼令人憤憤不平。如果真正的信仰事關生命源頭的認同，那麼，「只要虔誠就好，信什麼都一樣。」就是一個似是而非的論調。的確，好人算起來也有許多，但是真正的老爸畢竟只有那麼特別的一位罷了！我們總不能說：「只要孝敬就好，認誰做爸爸都一樣。」是不是真的攏嘛沒關係？真正的老爸也不會附和說：「對！對！沒關係！只要你喜歡就好！」否則他豈不是和我們一樣的「阿達」？他也不能故弄玄虛，看見孩子認錯對象時，他也不會故作謙遜地閉口不言。他總會心急如焚，這就是宇宙中至高至深的親情，你可以懵懂無知，祂怎能輕易放棄？這個道理，爹娘一定能夠告訴你！

當然，自然界和日常生活還有許多方面直接間接地建構或主導著我們的人生觀和想法，只是我們常常沒有意識到這樣的影響。事實上，有不少以前屬乎哲學、玄學或神學上的長期爭議，如唯心論 vs. 唯物論、上帝的揀選 vs. 人的自由意志，甚至當今的統獨爭議和衝突等，都能夠在近代科學許多反覆實證的結論中獲得美好的亮光或啟發，由於篇幅所限，我們不能一一在此做詳細的探討。

陸 結語

　　經過多個世紀的分道揚鑣和相互敵視，直到二十世紀以後的今天，科學與人文雙方各自的發展終於漸漸進入較為成熟穩健的階段。起先各自擁有的一片天空，原來是連通完整的天空，後現代與高科技世代支離破碎的人格狀態似乎看見了重整復健的契機，圓融的生命境界不再是遙不可及的夢想，只是還有很長的路擺在我們眼前，擴大雙方接觸、對話和整合的機會，實為學術界與教育界今後亟須努力以赴的重要目標。

參考文獻

史蒂芬・柯維（1998）。與成功有約。台北：天下文化。

史蒂芬・柯維（2001）。與領導有約。台北：天下文化。

布羅諾斯基（1977）。科學與人文價值。景象。

伊安・巴伯（2001）。當科學遇到宗教。台北：商周。

李清義等（2004）。生命教育之理論與實踐。台北：心理。

李清義（1995）。飄浮的蘋果——從科學看人生與信仰。台北：
　　宇宙光。

周慧菁（2001）。美在心光亮起時。天下雜誌特刊，35。

契克森米埃（1999）。創造力。台北：時報。

查爾斯・史諾（2000）。兩種文化。台北：貓頭鷹。

洪懿妍（2001）。世界向美走。天下雜誌特刊，35。

席勒（1998）。突破心靈藩籬。台北：遠流。

高希均（2003）。專業內要內行專業外不外行。遠見雜誌，209。

張文亮（1999）。法拉第的故事。台北：文經社。

許靖華（2002）。大滅絕。台北：天下文化。

湯恩比（1987）。歷史研究。台北：遠流。

費南德茲—亞美斯托（2001）。真實、真相、真理。台北：究竟。

瑞吉斯（1992）。柏拉圖的天空。台北：天下文化。

董世平（1991）。戈德爾不完備定理。數學傳播，15（4）。

薛莫（2002）。科學人。4月號。

懷德海（2000）。科學與現代世界。台北：立緒。

Amen, Daniel G. (2000)。維修靈魂的硬體。台北：大塊文化。

Baars, Bernard J. (1995). Can physics provide a theory of consciousness? *PSYCHE, 2*(8).

Brockman, John (1998)。第三種文化。台北：天下文化。

Chalmers, David J. (1995). Minds, machines, and mathematics, *PSYCHE, 2*(9).

Feferman, Solomon (1995). Penrose's godelian argument, *PSYCHE, 2*(7).

Globus, Gordon (1995). Quantum consciousness is cybernetic, *PSYCHE, 2*(12).

Greenfield, S. A. (1998)。大腦小宇宙。台北：天下文化。

Klein, Stanley A. (1995). Is quantum mechanics relevant to understanding consciousness? *PSYCHE, 2*(3).

Penrose, Roger (1993)。皇帝新腦。台北：藝文印書館。

Penrose, Roger (1994). *Shadows of the Mind.* Oxford University Press.

Penrose, Roger (1996). Beyond the doubting of a shadow, *PSYCHE, 2*(23).

Robinson, W., Odom, J. & Holtzclaw, H. (1997). *General Chemistry.* Boston: Houghton Mifflin.

Spielberg, N. & Anderson, B. D. (1998)。宇宙觀革命。台北：寰宇。

Star, C. & Taggart, R. (1999)。生物學。台北：藝軒。

Weinberg, Steven (1977). *The First Three Minutes,* New York: Basic Books.

國家圖書館出版品預行編目資料

全人教育面面觀：理念與思維／黃孝光等著.
--初版.-- 臺北市：心理, 2005（民 94）
面；　公分.--（一般教育系列；41089）

ISBN 978-957-702-778-8（平裝）

1.全人教育－論文, 講詞等

520.7　　　　　　　　　　　　　94003567

一般教育系列 41089

全人教育面面觀：理念與思維

作　　者：黃孝光、曾慶豹、潘正德、蘇友瑞、楊坤原
　　　　　林姿瑩、尤嫣嫣、李清義
執行編輯：謝玫芳
總 編 輯：林敬堯
發 行 人：洪有義
出 版 者：心理出版社股份有限公司
地　　址：台北市大安區和平東路一段 180 號 7 樓
電　　話：(02) 23671490
傳　　真：(02) 23671457
郵撥帳號：19293172　心理出版社股份有限公司
網　　址：http://www.psy.com.tw
電子信箱：psychoco@ms15.hinet.net
駐美代表：Lisa Wu（Tel：973 546-5845）
排 版 者：臻圓打字印刷有限公司
印 刷 者：翔盛印刷有限公司
初版一刷：2005 年 4 月
初版二刷：2011 年 1 月
I S B N：978-957-702-778-8
定　　價：新台幣 280 元